Anna Elisabetta Maria Bruno

L'Assunzione di Maria in cielo

Anna Elisabetta Maria Bruno

L'Assunzione di Maria in cielo

Studi di Giuseppe Filograssi in preparazione della definizione del dogma

Edizioni Sant'Antonio

Imprint
Any brand names and product names mentioned in this book are subject to trademark, brand or patent protection and are trademarks or registered trademarks of their respective holders. The use of brand names, product names, common names, trade names, product descriptions etc. even without a particular marking in this work is in no way to be construed to mean that such names may be regarded as unrestricted in respect of trademark and brand protection legislation and could thus be used by anyone.

Cover image: www.ingimage.com

Publisher:
Edizioni Accademiche Italiane
is a trademark of
International Book Market Service Ltd., member of OmniScriptum Publishing Group
17 Meldrum Street, Beau Bassin 71504, Mauritius
Printed at: see last page
ISBN: 978-613-8-39390-0

Zugl. / Approved by: Questo lavoro ha come oggetto di studio il dogma dell'Assunzione di Maria in cielo, attinge notizie, nozioni e dottrine da quella fonte inesauribile di scienza teologica e non solo, che porta il nome di Giuseppe Filograssi.

INTRODUZIONE

Questo lavoro di ricerca sul dogma dell'Assunzione della Vergine Maria al Cielo, oltre all'interesse che certamente può suscitare un dogma in quanto tale, per uno studente di Teologia, in particolare il secondo dogma mariano definito in tempi piuttosto recenti, è volto a porre una speciale attenzione al contributo che Giuseppe Filograssi ha dato dal 1946 al 1950, nella preparazione e nel commento della definizione del dogma.

Con molta sincerità devo ammettere che mi sembra arduo accostarmi ad un personaggio di così alta statura spirituale, morale e intellettuale. Tuttavia, con tutte le mie forze, voglio andare avanti, con umiltà ed impegno, per la grande devozione che nutro per la Vergine Maria e l'ammirazione che ho sempre provato, sin da bambina, per questo "uomo di Dio", sentimenti questi che crescevano in me attraverso i racconti di mia madre.

Tutto comincia nel 2005, con la presentazione del libro di A. Marranzini intitolato *"Giuseppe Filograssi uomo di Dio e maestro insigne"*[1] e l'inaugurazione dell'Archivio a lui intitolato nella Prepositura Curale di S. Giacomo Maggiore in Barletta, dove il suo ricordo è ancora vivo nella

[1] Cfr. MARRANZINI A., *P. Giuseppe Filograssi un uomo di Dio e maestro insigne*, ADP, Roma, 2005.

memoria di molti suoi concittadini.

La lettura delle pagine di questo libro mi ha aperto gli occhi e il cuore sulla sua eccezionale intensa spiritualità e il rispetto che aveva per tutti, la pazienza nell'ascoltare e la capacità di comprendere e orientare i giovani specialmente nelle Congregazioni mariane.

Fu un degno rappresentante della Compagnia di Gesù, tant'è che per la sua conoscenza degli Esercizi Spirituali di S. Ignazio da Loyola e la sua spiritualità ignaziana, fu invitato per ben tre volte a dettare gli Esercizi stessi a Papa Pio XII e alla Curia Romana[2].

La sua indagine sulla "Definibilità dell'Assunzione di Maria Santissima", condotta con puntuale rigore scientifico e guidata dal suo spirito di autentico gesuita, merita di essere approfondita per coglierne l'essenza del suo illuminato pensiero, teso a conciliare l'esigenza dei fedeli della proclamazione del dogma dell'Assunzione e la Verità come rivelazione di Dio.

Testimonianza di quanto questa verità fosse radicata nell'animo di tutto il popolo dei credenti, sono le chiese, basiliche e cattedrali intitolate alla Vergine Maria Assunta che da tempi molto lontani da noi dimostrano la profondità e l'antichità di questa fede.

---

[2] Cfr. MARRANZINI A., *P. Giuseppe Filograssi un uomo*, Pref. a cura di Mons. MONTERISI Francesco, pp.8-9.

Chi scrive tiene ad informare che nella Cattedrale di Santa Maria Maggiore si venerava Maria Assunta sino al secolo XVIII. In seguito, fu eletta protettrice della città Maria Santissima dello Sterpeto, quando i barlettani attribuirono a questa icona trovata, nella zona sterpeto, appunto fra gli sterpi, il privilegio della città preservata da un terremoto che aveva invece colpito tutto il circondario. Tutt'oggi, la Vergine Assunta è considerata protettrice molto amata dal popolo di barlettano, infatti il 15 agosto viene accompagnata in processione da molti di noi.

È ora di partire e con tenacia, percorrere passo dopo passo tutto il cammino che mi separa dal raggiungimento della meta.

Esprimo il mio sentimento di gratitudine al Marranzini, perchè dalla pubblicazione del suo libro ho trovato ispirazione allo studio del dogma dell'Assunzione, prendendo a guida eccellente Giuseppe Filograssi, insigne e umile teologo dogmatico.

CAPITOLO I

Parte storica

MOVIMENTO ASSUNZIONISTICO

1.1 Introduzione

L' 8 dicembre 1854 Pio IX definì dogma di fede l'Immacolata Concezione. Tale verità rivelata comporta che la Vergine Maria, sin dal seno materno fu, per grazia di Dio, in vista della sua maternità divina di Gesù Cristo Salvatore dell'umanità, preservata immune dalla colpa originale.

La solenne definizione veniva ad aggiungersi alle definizioni dei Concili di Efeso (431), di Calcedonia (451) e di Costantinopoli (553 e 680) che avevano proclamato la divina maternità e la perpetua verginità di Maria.[3]

Accadde quasi spontaneamente, una volta definito il dogma della Concezione Immacolata, che il popolo cattolico, da più parti e a gran voce, chiedesse la proclamazione dell'Assunzione della Beata Vergine Maria al cielo, al più

---

[3] "Tra i lontani dalla Chiesa, e qualche volta tra gli stessi fedeli che non hanno ben presente il catechismo cattolico, si confonde la concezione immacolata con la verginità. In realtà questa riguarda il primo istante della vita di Maria, in quanto, benché concepita secondo le leggi ordinarie, non incorse nel peccato di origine, comune a tutti gli uomini discendenti per naturale generazione dal primo uomo. La verginità invece si riferisce al modo miracoloso con cui, per opera dello Spirito Santo, Maria divenne Madre di Gesù Cristo, e alla piena integrità conservata nel parto e dopo il parto." FILOGRASSI G., *L'Assunzione di Maria: voti del mondo cattolico*, «La Civiltà Cattolica», 1946, I, p. 95.

presto dogma di fede, del Supremo Magistero Ecclesiastico.[4]

Questo legittimo desiderio espresso dai fedeli, guidati dai loro Pastori, era strettamente legato al dogma dell'Immacolata Concezione, quasi che l'uno esigesse anche l'altro. La Concezione Immacolata, come inizio della vita terrena della Vergine, e l'Assunzione corporea al cielo, a definitiva glorificazione celeste.

Ebbe così inizio il movimento durato quasi 80 anni diretto ad ottenere dalla Santa Sede, la proclamazione dell'Assunzione quale verità infallibile rivelata da Dio.

Solo con l'inizio del Pontificato di Papa Pio XII[5], si intraprende il cammino, con nuova enfasi, verso l'investigazione teologica, sui numerosi postulati inviati ai Sommi Pontefici, sin da periodo di Pio IX.

A tale scopo Pio XII inviò a tutti i Vescovi una lettera, invitandoLi a rispondere a due quesiti:

- se ritenessero percorribile la strada verso la proclamazione del dogma;

[4] Ibidem.

[5] Papa Pio XII, avendo concesso ai due gesuiti, Hentrich G. e De Moos R.G., di pubblicare i documenti conservati presso la Santa Congregazione del S.Uffizio, nello speciale archivio "*De Assumtiones*", essi raccolsero in due tomi i postulati giunti alla Santa Sede. Cfr. FILOGRASSI G., *L'Assunzione di Maria*, I, p. 95.

- se condividessero il desiderio, con i loro fedeli della definizione del dogma stesso.

LETTERA DEL SOMMO PONTEFICE PIO XII

SOPRA L'ASSUNZIONE DI MARIA

"Ai venerabili Fratelli, Patriarchi, Primati, Arcivescovi, Vescovi ed altri Ordinari dei luoghi, aventi pace e comunione con la Sede Apostolica Pio PP. XII – Venerabili Fratelli salute e Apostolica Benedizione.

I fratelli invocando e sperimentando l'assiduo aiuto della Vergine Maria, Madre di Dio, sempre più si studiano di presentarle ossequio. E siccome l'amore, se è vero e profondo, tende a dare di sé nuove prove, così i fedeli, col nutrire per Essa una devozione sempre più viva e intensa, si forzano di rendere più illustri i tempi in cui vivono. Per questo, Noi ne siamo persuasi, avviene che da lungo tempo,giungano alla Santa Sede Apostolica suppliche mandate da cardinali, Patriarchi, Arcivescovi e Vescovi, Sacerdoti, Religiosi e Religiose, Sodalizi e università, da innumeri fedeli privati, affine di ottenere che con solenne oracolo, sia pronunziato e definito come dogma di fede che la Beata Vergine Maria fu assunta col corpo in cielo. E nessuno certo ignora che questo stesso, con ardenti voti, fu chiesto da quasi 200 Padri del Concilio Vaticano. Queste petizioni poi, ricevute entro gli anni 1869-1940, furono raccolte in due volumi e recentemente date alle stampe con opportune note dilucidative.

A Noi che siamo preposti alla difesa e all'ausilio del Regno di Cristo, incombe cura assidua e dovere vigilante di allontanate quanto nuoce e di promuovere quanto giova allo scopo. In conseguenza fin dagli inizi del Nostro Pontificato Ci siamo dati a studiare ed esaminare se, interposta la nostra autorità, sia lecito, conveniente, opportuno assecondare i voti sopra menzionati. Per questo non abbiamo mancato né mancheremo di rivolgere a Dio preghiere ferventi, perché Ci ispiri e mostri il disegno della Sua sempre adorabile benignità. Ad impetrare questo aiuto della celeste luce, alle nostre preghiere unite le vostre, Venerabili fratelli, con pia istanza. E mentre a ciò con paterno affetto vi esortiamo, seguendo il modo e la via tenuta dai Nostri Predecessori, e specialmente da Pio IX, quando era per definire la Concezione della Madre di Dio esente dal peccato originale, caldamente vi preghiamo di volerCi significare quale devozione – secondo la fede e pietà di ciascuno – il Clero e il popolo, affidati al vostro governo, nutrano per l'Assunzione corporale della Beatissima Vergine. Specialmente e sopratutto desideriamo conoscere se voi, venerabili Fratelli, la larghezza dei doni divini e il favore della eccelsa Soccorritrice Vergine, e impartiamo di tutto cuore nel Signore, in segno della Nostra paterna benevolenza, a Voi e al gregge alle vostre cure affidato, l'Apostolica Benedizione.

Dato in Roma, il I° Maggio 1946, Ottavo del Nostro Pontificato.

PIO PP.XII"[6]

Giuseppe Filograssi, sebbene non nominato tra i membri della commissione teologica, partecipò con i suoi articoli nelle varie *riviste*[7].

"*De definibilatate Assunptione Beatae Mariae Virginis*"[8] e "*Traditio divino-*

---

6 FILOGRASSI G, *La definibilità dell'assunzione di Maria. Studio teologico,* La Civiltà Cattolica, Roma, 1949, pp. 59-60.

7 «Gregorianum» e «La Civiltà Cattolica».

8 FILOGRASSI G., *De definibilatate Assumptione Beatae Mariae Virginis,* Gregorianum, 29, 1948, pp.7-41.

cattolica e Assuntio B.V.M."[9], giovarono a dissipare le ultime difficoltà di un percorso tortuoso e intriso di dubbi. Infatti Pio XII si congratulò con G. Filograssi per l'articolo *Costitutio Apostolica «Munificentissimus Deus de Assumptione B.V.M.»*, considerandolo tra i migliori commenti al solenne documento pontificio.

1.2 Storia dei voti assunzionistici

G. Filograssi iniziò la sua indagine con lo studio dei voti assunzionistici, editi dai Gesuiti Gulielmo Hentrich e Rodolfo De Moos[10], in due tomi imponenti che contengono la storia del Movimento Assunzionistico e le petizioni giunte da ogni dove sin dal periodo di Pio IX.[11]

L'opera divisa in due parti contiene:

- nel 1°volume e parte del 2° fino a pag. 660, le petizioni disposte secondo l'ordine gerarchico dei richiedenti (Cardinali, Patriarchi,

---

9 FILOGRASSI G., *Traditio divino-apostolica e Assumptio B.V.M.. Studio teologico,* La Civiltà Cattolica, Roma, ivi 30, 1949, pp.443-489.

10 HENTRICH G. -DE MOOS R.G., *Petitiones de Assumptione corporea B. V. Mariae in coelum definienda ad Sanctam Sede delatae, propositae secundum hierarchicum, dogmaticum, geographicum, chronologicum ad consensum Ecclesiae manifestandum*, Typis Poliglottis Vaticanis, 1942, I,II, pp. 1061-1110.

11 Cfr. MARRANZINI A., *P. Giuseppe Filograssi,* pp. 71-72.

Concili e sinodi, Vescovi);

- nel 2° volume da pag.661 a pag.1054, i documenti sotto tre punti di vista (dogmatico e storico), partendo dagli inizi del movimento assunzionistico e nei successivi sviluppi.

Sempre nel 2° tomo, circa 15 tavole statistiche che consentono una rapida visione d'insieme sulle petizioni del clero secolare, religiosi, fedeli, secondo le varie nazionalità.

Infine una "*Tabula fontium*" informa sui singoli fascicoli conservati nell'Archivio "Assumptione" presso il S. Ufficio e fornisce l'elenco delle petizioni mancanti dell'Archivio.

Il Nostro Insigne Maestro considera molto grande il merito di questa pubblicazione sia per l'analisi dei postulati, condotta con paziente minuziosità dai due autori, e anche per la ricerca mirata ad un riscontro sulla verità dell'Assunzione per darne la qualifica dottrinale, e se i documenti riproducono definitivamente la volontà collettiva di coloro i quali ne fanno istanza.[12] Sebbene riconosca che alcuni postulati adducano prove insufficienti dal punto di vista storico e teologico, a buon diritto pensa che molti posseggono una

[12] Cfr. FILOGRASSI G., *L'Assunzione di Maria,* I, p. 96.

reale importanza scientifica. Aggiunge inoltre che la conoscenza di tutte le petizioni ha una grande importanza per la mariologia, offrendo l'occasione di una investigazione teologica puntuale circa il loro momento dottrinale. Infine la pubblicazione dell'opera "Petitiones" ha dato luogo a nuovi studi e discussioni sulla definibilità, nell'ultima fase dello sviluppo del dogma.

> *"Insomma chi posatamente esamini, deve ammirare la grande fatica sostenuta dai due Autori in onore della Vergine, nel raccogliere una tale dovizia di documenti e dati, disposti ed esaminati con tal cura ed intelligenza, da soddisfare le esigenze dell'erudito, dello storico, del teologo."*[13]

1.3 Storia del Movimento «Assunzionistico» dal 1863 al 1940[14]

Nella prima parte dell'opera, l'autore G. Hentrich ci offre un quadro di riferimento sugli inizi, il progresso e gli impedimenti che di volta in volta ne hanno arrestato o rallentato il cammino.

Il Filograssi distingue tre periodi:

- quello iniziale fino alla fine dell' '800;
- quello medio nei primi 20 anni del '900;

[13] Ibidem.
[14] HENTRICH G.-DE MOOS R.G., *Petitiones de Assumptione corporea B. V. M.*, II, pp. 880-1054.

- quello finale che culmina nell'anno giubilare del 1950, 1 novembre.

1.3.1 Il periodo iniziale (1863-1900)

Questo periodo sfocia nel Concilio Vaticano I (18 luglio 1870), con la bolla "*Aeternis Patris*" del 29 giugno 1868.

Al movimento assunzionistico diede il via la petizione della regina Isabella di Spagna il 27 dicembre del 1863, diretta a Papa Pio IX affinchè si compiacesse «dichiarare dogma di fede il Mistero dell' Assunzione» forse ispirata dal suo confessore Mons. Claret (confessore della regina e Beato), fondatore della congregazione dei Missionari Figli dell'Immacolata Cuore di Maria, detti "Clarentini".

Il Papa rispose che, sebbene l'Assunzione fosse ritenuta dai fedeli una conseguenza del "dogma dell'Immacolata Concezione", proclamato l'8 dicembre 1854, reputava che i tempi ancora non fossero maturi, pertanto non si sentiva degno strumento per pubblicare come dogma anche questo secondo Mistero.

> *"Non c'è dubbio che l'assunzione nella maniera con la quale è creduta dalla comune dei fedeli è una conseguenza del dogma della Concezione*

Immacolata; ma però tutte le cose hanno il loro tempo adattato, ed io non mi credo degno istrumento per pubblicare come dogma anche questo secondo Mistero."[15]

Certamente, per opera del Claret viene divulgata l'idea di una definizione, in Spagna e nell'America Latina, la quale trovò larghi consensi nell'imminenza del Concilio Vaticano.

Apparve sulla rivista *La Civiltà Cattolica* del 1869, la «*Corrispondenza di Francia*»[16], nonché una doppia relazione inviata dal Nunzio Apostolico a Parigi Flavio Chigi, al Card. Antonelli, Segretario di Stato che a sua volta la trasmise al suddetto periodico. Qui vengono descritti gli stati d'animo in Francia, a favore o contro la definizione della infallibilità Pontificia.

La "corrispondenza" nella lotta contro e a favore della infallibilità, provocò una violenta reazione, da parte degli anti-infallibilisti, non solo in Francia ma anche in Germania, contro la definizione dell'Assunzione. Tanto che

---

[15] HENTRICH G.-DE MOOS R.G., *Petitiones de Assumptione corporea B. V. M.*, II, pp. 576-577, in FILOGRASSI G., *L'Assunzione di Maria*, I, p. 97.

[16] Ibidem, pp. 885-887.

Döllinger[17] parlò di leggenda circa l'Assunzione Vergine.

La reazione della Francia e della Germania raggiunse anche l'Inghilterra; ma non riuscì ad impedire che i cattolici di queste nazioni si pronunciassero a favore, sia della infallibilità del Papa, che del dogma dell'Assunzione.

Il Concilio Vaticano I si inaugurò l' 8 dicembre 1869.

L'8 gennaio A. Monescillo, Vescovo spagnolo, presentò un primo postulato nel quale chiedeva che il Concilio, per acclamazione, definisse dogma di fede l'Assunzione.

Intanto, Dusmet, Arcivescovo di Catania, e Ludovico Maria, due religiosi siciliani, inviarono nove postulati sull'Assunta, firmati da 187 Padri. Il Dusmet si avvalse della professionalità di propagandista del Benedettino Cassinese, Luigi Vaccari, parroco della Basilica di S. Paolo in Roma, divenuto poi Vescovo della Diocesi di Nicotera e Tropea, in Calabria. Egli spese quasi tutta la sua vita per ottenere la definizione dell'Assunzione.

Fu a causa dell'interruzione del Concilio, nell'ottobre del 1870, che l'argomento dell'Assunzione non venisse nemmeno discusso.

---

[17] Döllinger Ignaz, nato a Bamberga il 28 febbraio 1799 e morto a Monaci di Baviera il 14 gennaio 1890. Fu uno dei capi più attivi dell'opposizione del Concilio Vaticano, opponendosi alla proclamazione del dogma dell'infallibilità pontificia. Enciclopedia Italiana Treccani, Roma, 1949,XIII, p.102.

E' evidente che la chiesa, allora, non aveva ancora raggiunto il grado di maturità necessario per addivenire alla definizione. Infatti i Sommi Pontefici Leone XIII, Pio X e Benedetto XV, si espressero sulla necessità di un approfondimento della materia.[18]

1.3.2. Secondo periodo (1900-1920)

Sino alla fine dell' 800 la storia del movimento «assunzionistico» è breve. E' all'inizio del '900 che il moto riprende in Francia, ad opera di vari monasteri di religiose tra cui le Carmelitane e le Visitandine.

Così dalla Francia si va estendendo in Spagna, Portogallo e in Italia.

Bartolo Longo, fondatore del Santuario di Pompei, fu esortato da una religiosa, informata da quanto accadeva in Francia, ad intervenire a favore del movimento.

Il Longo, con il suo noto entusiasmo, coadiuvato dall'Assessore del S. Uffizio, Cosimiro Gennari, in seguito nominato Cardinale, da dotti teologi napoletani e da P. Ballerini, si adoperò a raccogliere petizioni collettive e le inviò alla S. Sede.

---

[18] Cfr. FILOGRASSI G., *L'Assunzione di Maria*, «La Civiltà Cattolica», 1946, I, pp. 97-99.

Il Papa Leone XIII le prese in considerazione, ma con perplessità, infatti reputò fondamentale ascoltare anche il parere di altri, prendendo tempo e passando ad una commissione con tutti i necessari studi.

Il moto subì una fase di stallo tra il 1902 e il 1906.

Il Congresso Internazionale Mariano, a causa dell'ostilità alla definizione da parte dei "Modernisti", molto attivi all'epoca, decise di astenersi dal voto.

Anche a Roma nel 1904, la Commissione Cardinalizia, deputata a proclamare il Congresso Mariano Internazionale, stabilì che si sopprimessero tutte le petizioni riguardanti l'Assunzione. Ma improvvisamente nei successivi Congressi Mariani Internazionali, si ripresentò la questione.

Il Congresso di Einsiedeln in Svizzera (1906) approvò e mandò alla S. Sede il voto; quello di Saragozza (1908) per prudenza non mandò i postulati.

Invece i Congressi di Salisburgo e di Treviri, si pronunziarono a favore della definizione del dogma.

Nel 1903, Pio X che successe a Leone XIII, colse benignamente le molte istanze a lui pervenute ma anche per lui la questione non era arrivata a maturità.[19]

---

[19] HENTRICH G.-DE MOOS R.G., *Petitiones de Assumptione corporea B. V. M.*, II, pp. 962, in

Nel periodo della I° Guerra Mondiale del '14- '18, come prevedibile giunsero a Roma pochi postulati. Tuttavia, i Vescovi dell'Impero Austriaco, nel '17, raccolti in convegno, e rappresentanti di ventiquattro milioni di cattolici, inviarono la petizione collettiva, la più ampia di quante se ne fossero mai formulate.

Fa storia anche il postulato collettivo della Repubblica di Colombia nel 1916, firmate dalle Autorità Ecclesiastiche del paese e delle maggiori Autorità Civili, a cominciare dal Presidente della Repubblica, Giuseppe Vincenzo Concha.[20]

Non trascurabile, per questo periodo, fu la creazione dei due periodici, di cui uno italiano, "l'Assunta", fondato nel 1916 dal canonico Clino Costa, l'altro francese "l'Assomption" nel 1918, fondato da F. I. Brussolle, entrambi trattavano l'argomento del dogma soprattutto dal punto di vista teologico-dogmatico.

Giunti al soglio pontificio Benedetto XV dimostrò la sua disponibilità ordinando a riaprire gli studi e i lavori diretti e a promuovere la devozione

---

FILOGRASSI G., *L'Assunzione di Maria*, «La Civiltà Cattolica», 1946, I, p. 101.

[20] HENTRICH G.-DE MOOS R.G., *Petitiones de Assumptione corporea B. V. M.*, II, pp. 966-968, in FILOGRASSI G., *L'Assunzione di Maria*, «La Civiltà Cattolica», 1946, I, p. 102.

verso la Madonna.[21]

1.3.3 Terzo periodo: sino al 1940

Il terzo periodo, dal 1921 al 1940, in gran parte sotto il pontificato di Pio XI, è quello che vede diventare grandioso il *Movimento Assunzionistico*.

Esso si propaga in tutto il mondo attraverso i vari Comitati Internazionali. Tra i principali promotori vediamo Bartolo Longo, che negli anni 1925-1926 suscitò una nuova azione internazionale; venne ripresa dopo la sua morte dal Comitato Assunzionistico Internazionale di Verona, con nuovo vigore, dal 1929 al 1937, sotto la direzione di Amedeo Balzaro e Raffaele Asaro che promossero il Plebiscito, con sede centrale a Verona, che risultò essere fra tutte le azioni assunzionistiche, la più notevole, per qualità ed estensione.

Essi presentarono al Papa 60 volumi con gli autografi di tutti i voti raccolti.

Erano i voti di 20 Cardinali,5 Patriarchi, 709 Arcivescovi e Vescovi (256 dall'Italia, 453 dalle altre nazioni) etc., 29 Superiori religiosi, di circa 2mil. di Sacerdoti, religiosi e semplici fedeli, ecc.[22]

---

[21] Cfr. HENTRICH G.-DE MOOS R.G., *Petitiones de Assumptione corporea B. V. M.*, II, p. 909 in FILOGRASSI G., *L'Assunzione di Maria*, «La Civiltà Cattolica», 1946, I, pp. 100-102.

[22] Cfr. HENTRICH G.-DE MOOS R.G., *Petitiones de Assumptione corporea B. V. M.*, II, p. 989, in FILOGRASSI G., *L'Assunzione di Maria*, 1946, I, p. 103.

Nella relazione sottoposta a Pio XI, i promotori, pur riconoscendo le difficoltà incontrate, con verità dichiararono che:

«l'avvenimento aveva assunto l'importanza di una delle più grandi affermazioni di fede in Maria che la storia ricordi».

Non possiamo dimenticare che in occasione « dei due Congressi Eucaristici Internazionali di Cartagine e di Buenos Aires (a quest'ultimo, come Legato Pontificio presiedette l'allora Segretario di Stato, il Card. Pacelli), furono mandate petizioni alla S. Sede. Inoltre in questi anni 1921-1940, 1 Concilio plenario (cioè il nazionale della Polonia), 2 Concili provinciali (dove intervennero tutti i Vescovi delle due Repubbliche del Cile e del Nicaragua), 6 Sinodi Diocesani, 17 Congressi Nazionali, 5 Congressi regionali, 15 Congressi Diocesani, domandarono collettivamente la definizione.

Ancora, in questi anni, 16 voti collettivi vennero indirizzati a Roma da Vescovi di diverse nazionalità regioni, insieme per confronti episcopali.»[23]

Insomma, in varie regioni sorsero Movimenti nazionali o indipendenti o che affiancavano l'azione nazionale.

"*Magnifico il risultato ottenuto*"[24], scrive Giuseppe Filograssi.

Il Nostro, sottolinea l'importanza di due atti compiuti, in onore di Maria Assunta, da Sua Santità Papa Pio XII:

1. si è degnato di accordare che venissero pubblicati i documenti

---

[23] HENTRICH G.-DE MOOS R.G., *Petitiones de Assumptione corporea B. V. M.*, II, pp. 978, in FILOGRASSI G., *L'Assunzione di Maria*, 1946, I, p. 103.

[24] FILOGRASSI G., *L'Assunzione di Maria*, 1946, I, p. 103.

contenuti nell'Archivio del S. Uffizio;

2. ha fatto all'Assunzione esplicito accenno alla fine dell'Enciclica "*Mystici corporis*" (forse questa è la prima volta che un solenne documento dottrinale della S. Sede, viene menzionata l'Assunzione):

> *«La stessa santissima Genitrice di tutte le membra di Cristo, al cui Cuore Immacolato abbiamo con fiducia consacrato tutti gli uomini e che* ***ora in cielo, regnando insieme col suo Figlio, risplende nella gloria del corpo e dell'anima****, si al adoperi etc. »*[25].

Conclude Giuseppe Filograssi

> *"che la consacrazione al Cuore di Maria è implicita affermazione dell'Assunta; giacché quel Cuore, cui ci siamo consacrati, è il Cuore vero e vivo della Vergine, elevato a simbolo della sua eccelsa carità verso Dio e verso gli uomini. Cuore vivo e vero suppone il corpo di Maria vivo e vero e glorioso nel cielo."* [26]

Al termine di questi brevi cenni storici, G. Filograssi, accompagna il suo studio con elementi statistici, contenuti alla fine dell'opera dei due gesuiti, G. Hentrich e R. G. De Moos, che aiutano a dare un'idea alla grandiosità del movimento, in onore della Vergine, unico nella storia della Chiesa, e

[25] Ibidem, p. 104.
[26] Ibidem.

meritevole per questo di fermare l'attenzione dei credenti.[27]

1.3.4 Elementi statistici

I brevi cenni storici che precedono, è giusto completarli con elementi statistici che aiutano a dare un'idea della grandiosità di un movimento, in onore della Vergine, l'unico evento nella storia della Chiesa, che ha portato a fermare l'attenzione di innumerevoli credenti.

1. *Hanno chiesto l'attenzione 820 Vescovi residenziali (ossia il 73% di tutte le sedi) con 1859 postulati; 261 Vicari Apostolici (ossia l' 81% di tutti i Vicariati) con 349 postulati.*[28]
2. *I sacerdoti che hanno aderito individualmente raggiungono la cifra complessiva di 17.063, sparsi cioè in tutte le parti del mondo: 9084 italiani, 3301 spagnoli, 385 dalla Cina, 29 dall'India etc.*[29]
3. *I semplici fedeli nelle tavole statistiche sono divisi in due classi: quelli che hanno dato espressamente e individualmente il loro nome (**sine interprete**); quelli che l'hanno dato a mezzo di rappresentanti, che hanno supposto la loro adesione (**per interpretem**), i parroci, per esempio, a nome dei loro fedeli.*
I voti "sine interprete" hanno un più grande valore: raggiungono la cifra di

---

[27] Cfr. FILOGRASSI G., *L'Assunzione di Maria*, 1946, I, pp. 103-104.

[28] HENTRICH G.-DE MOOS R.G., *Petitiones de Assumptione corporea B. V. M.*, I, XXII, in FILOGRASSI G., *L'Assunzione di Maria*, 1946, I, p. 104.

[29] HENTRICH G.-DE MOOS R.G., *Petitiones de Assumptione corporea B. V. M.*, II, 566 cfr. 558 segg., in FILOGRASSI G., *L'Assunzione di Maria,* 1946, I, p. 104.

5.800.446.

*I voti "**per interpretem**" arrivano a 2.285.950*[30]

4. 57 Vescovi residenziali di rito orientale in comunione con la Santa Sede (e cioè il 75% di tutte le sedi) hanno domandato la definizione, con 68 postulati. Con i Vescovi residenziali si sono uniti, 1 Abate "nullius", 3 Prelati con giurisdizione ordinaria, 6 amministratori Apostolici, 10 Vicari patriarchi, 1 Vescovo ausiliario, 1 Vicario Delegato di Prelato ordinario, 1 Visitatore apostolico, 3 Superiori di Ordini, 1 Accademia d di Teologia, 1 Capitolo cattedrale.[31]

---

30 HENTRICH G.-DE MOOS R.G., *Petitiones de Assumptione corporea B. V. M.*, II, 826-831, in FILOGRASSI G., *L'Assunzione di Maria,* 1946, I, p. 104.

31 HENTRICH G.-DE MOOS R.G., *Petitiones de Assumptione corporea B.V.M.*, II,857-860, in FILOGRASSI G., *L'Assunzione di Maria,* 1946, I, p. 104.

CAPITOLO II

Parte dogmatica

LA DEFINIBILITA' DELL'ASSUNZIONE DI MARIA

2.1 Aspetti teologici

Dopo aver esposto la storia del movimento assunzionistico accuratamente documentata dal 1863 fino al 1942, tratta dall'opera dei gesuiti Hentrich e De Moos, G. Filograssi si propone di presentare e illustrare gli aspetti teologici contenuti nella parte dello stesso lavoro, dedicata all'esame teologico dei documenti. Pone l'accento sulla:

> "*non lieve fatica, alla quale i due Autori si sono sobbarcati, con lo scopo di dimostrare che, ormai, i Vescovi, maestri autentici della Chiesa, con consenso moralmente unanime, insegnano essere la verità dell'Assunzione rivelata da Dio e, perciò definibile dalla Suprema Autorità Pontificia quale domma di fede.*"[32]

Egli ne ravvisa due di aspetti teologici, che sembrano essere i più rilevanti:

1. Limiti precisi della verità da definirsi[33];
2. La verità dell'Assunzione è rivelata: consenso morale unanime[34].

---

[32] FILOGRASSI G., *L'Assunzione di Maria: voti del mondo cattolico*, «La Civiltà Cattolica», II, 1946, p. 285.
[33] HENTRICH G.-DE MOOS R.G., *Petitiones de Assumptione corporea B. V. M.*, II, pp. 715-725.

2.1.1 Limiti precisi della Verità da definirsi [35]

In tutti i postulati si richiede che venga proclamata l'Assunzione, in quanto importa che la Vergine vive ora in cielo con l'anima beata e gloriosa, congiunta con il corpo, anch'esso a suo modo glorioso e beato.

A tale stato poteva arrivare in due modi: o con la semplice traslazione dell'anima e del corpo in cielo, oppure attraverso la morte, e poi la resurrezione del corpo e la sua congiunzione con l'anima.

A tal riguardo i postulati forniscono interessanti indicazioni su 3019 petizioni:

- 2344 non parlano di morte;
- 212 domandano che morte e risurrezione entrino come elementi integranti della definizione;
- 434, pur affermandola nella parte espositiva, non la includono per la inesattezza dei termini con i quali esprimono la loro richiesta.
- 5 vescovi non accettano la realtà della morte, ma non è chiaro se escludono solo la morte o la corruzione del sepolcro.

In quest'ultima ipotesi, convengono unanimamente con gli altri postulati: tutti

---

[34] HENTRICH G.-DE MOOS R.G., *Petitiones de Assumptione corporea B. V. M.*, II, pp. 661-715.

[35] Cfr. HENTRICH G.-DE MOOS R.G., *Petitiones de Assumptione corporea B. V. M.*, II, pp. 715-725, in FILOGRASSI G., *L'Assunzione di Maria*, II, 1946, p. 285 – 287.

rigettano la dissoluzione del Corpo Verginale di Maria Madre di Dio.[36]

Fa notare Filograssi che prima della pubblicazione dei documenti, alcuni teologi ritenevano come elementi essenziali, per la definizione del dogma la morte e risurrezione, altri li giudicavano accidentali per cui se ne poteva fare astrazione.

Papa Pio XII, nell'Enciclica *"Mystici Corporis"*, non allude nè a morte e nè a risurrezione:

> *«La Vergine ora è in cielo, regnando insieme al Suo Figlio, risplende nella gloria del corpo e dell'anima.»*[37]

Il Sommo Pontefice, parlando dell'Assunta, tratta solamente la vita gloriosa in cielo, senza alcuna menzione sulla morte e risurrezione, lasciando così cadere nel vuoto tutte le controversie sorte intorno al problema: morte si, morte no. Quindi, l'unico elemento essenziale è la Sua vita gloriosa in cielo.

I postulati pubblicati, come abbiamo già visto, non produssero chiarezza sul problema, lasciando irrisolti i dubbi e le discussioni.

Ma i motivi per accogliere il duplice evento della morte e risurrezione di Maria, risiedono nella liturgia cattolica occidentale e orientale la quale espressamente professa che l'Assunzione al cielo di Maria è rivelata; lo

---

36 FILOGRASSI G., *L'Assunzione di Maria*, II, 1946, p. 285.
37 Ibidem, p. 286.

insegnano con pensiero quasi unanime Dottori e teologi sin dal VIII secolo, ed in fine ciò che meglio si attaglia alla somiglianza tra Madre e Figlio.

La morte nella condizione del genere umano, è pena del peccato originale. Per Cristo scevro da ogni colpa e peccato, non fu pena; mentre Maria fu preservata per grazia da ogni peccato. Cristo assunse il dolore e la morte per assomigliarsi a noi e redimerci; Maria ne andò soggetta perché associata all'opera della redenzione.

Di fronte ad una schiera di dottori e teologi che si pronunciano a favore della morte, un gruppo esiguo di autori propende verso l'opposta sentenza particolarmente presentatosi dopo la definizione del dogma della Immacolata Concezione. La esenzione del peccato originale ha indotto alcuni a tornare alla idea della esenzione della morte.[38]

2.1.2 La verità dell'Assunzione è rivelata: consenso morale unanime[39]

Sul grado di certezza dogmatica, il contributo dei documenti è veramente cospicuo. Ci mostrano che l'autentico ed ordinario Magistero della Chiesa

---

[38] Cfr. FILOGRASSI G., *L'Assunzione di Maria*, II, 1946, p. 286.

[39] Cfr. HENTRICH G.-DE MOOS R.G., *Petitiones de Assumptione corporea B. V. M.*, II, pp.661-715, in FILOGRASSI G., *L'Assunzione di Maria*, II, 1946, p. 287.

professa con unanime consenso morale che l'Assunzione è verità formalmente rivelata.

"*siamo perciò autorizzati ad annunziarla come tale tanto nella predicazione e nella catechesi, quanto nell'insegnamento teologico. Finora la conoscenza del domma non era arrivata a tanta luminosa pienezza*"[40]

I documenti esprimono la convinzione che la verità dell'Assunta è divinamente, attestata e garantita da Dio stesso, con la Sua infallibile parola.

I teologi, ci fa osservare Filograssi, distinguono due modi di rivelazione poiché, alcune verità sono da Dio attestate, immediatamente e formalmente, con le Sue parole che esplicitano il significato da Lui inteso e le Sue intenzioni.

Altre, invece, sono contenute nella Sua divina parola affinché se ne deducano nuove verità risultanti da quelle immediatamente rivelate. All'inizio non sono immediatamente esplicite, ma sottintese, ovvero verità mediate, intuite come estensione della parola di Dio.

Solo al Magistero ecclesiale compete l'autorità di definire infallibilmente anche verità di semplice mediata rivelazione, poiché, come più volte ripetuto,

---

[40] FILOGRASSI G., *L'Assunzione di Maria*, II, 1946, p. 290.

in virtù dello specialissimo intervento e assistenza dello Spirito Santo, che illumina la Chiesa, al di là di quanto è lecito dedurre con il solo metodo storico-critico.[41]

2.2 L'Assunzione di Maria Santissima nella Tradizione Apostolica

Nel 1946 nel mondo cattolico erano tutti d'accordo nel ritenere massimo potere della Chiesa a causa della sua conclamata infallibilità; di fatto si sosteneva all'interno di essa, il Suo supremo diritto di definire il dogma dell'Assunzione, quale verità di fede, riconoscendola contenuta nella "Tradizione divino-cattolica"[42]

Per Tradizione divino-cattolica s'intende l'attuale insegnamento della Chiesa circa una verità rivelata, in connessione, con l'insegnamento degli Apostoli di Cristo, a cui fu affidato il deposito della divina rivelazione da trasmettersi intatto ai loro successori.

Infatti partendo dal presente insegnamento della Chiesa e risalendo la catena, anello per anello fino agli Apostoli, si accerta che l'attuale dottrina corrisponde esattamente a quella degli Apostoli. A ciò si arriva con una

[41] Cfr. FILOGRASSI G., *L'Assunzione di Maria Santissima dogma di fede,* «La Civiltà Cattolica»,1950, IV, p. 291.

[42] Cfr.. MARRANZINI A., *P. Giuseppe Filograssi un uomo di Dio*, p. 75.

indagine teologica accurata, ispirati dallo Spirito Santo, che impedisce l'errore e guida verso la verità.

Alla rivelazione, oggetto di fede cattolica conclusasi con la morte dell'ultimo Apostolo, nulla si può aggiungere e nulla cambiare.[43]

Alla Chiesa è stato promesso lo Spirito Santo non perché annunziasse una nuova rivelazione o nuove dottrine, ma *perché diligentemente custodisse e fedelmente esponesse la rivelazione trasmessa dagli Apostoli, ossia il deposito della fede.*[44]

Pio X, contro l'Evoluzionismo imperante in quegli anni, richiamò i principi ai quali si ispira la Chiesa: la dottrina degli Apostoli a noi trasmessa, sempre uguale a se stessa, sempre infallibile a causa della successione apostolica dell'insegnamento di una sola verità dagli inizi al momento presente e per tutti i tempi a venire sino a quando esisterà la Chiesa di Gesù Cristo. È quindi da rigettare l'errore dell'evoluzione del dogma, che lo rende diverso da quello che prima la Chiesa professava.

---

[43] Cfr. La condanna del Modernismo sul Decreto "*Lamentabili*", 3 luglio 1907, n.21 (DENZINGER N.2021), in FILOGRASSI G., *L'Assunzione di Maria Santissima nella tradizione cattolica*, 1946, III, p. 244.

[44] «*Neque enim Petri Successoribus Spiritus Sanctus Promissus est, ut, eo revelante, novam doctrinam patefecerent, sed, ut, eo assistente traditam per Apostolos revelationem seu fidei depositum sancte custodirent et fideliter exponerent*». Conc.Vaticano, *Const. de Eccl. Christi* (DENZINGER, 1836), in FILOGRASSI G., *L'Assunzione di Maria Santissima nella tradizione cattolica*, 1946, III, p.244.

La Chiesa "custode del deposito della fede" ha sempre insegnato e sempre insegnerà *immutabilmente* ciò che dagli Apostoli di Cristo le fu affidato.[45]

Prima, ci fa notare il Nostro, solevano, in generale, i teologi ritenere l'Assunzione quale ***verità certa***, tanto che sarebbe stato temerario il negarla.

Ora a causa del grande contributo unanime dei Vescovi, il grado di certezza è notevolmente aumentato, e per l'infallibilità del Magistero Ecclesiastico in materia di fede e di costumi, non potrebbe un così pieno consenso dell'Episcopato andar soggetto ad errore.[46]

> *"Allora i fedeli, rivolgendosi alla Madre Celeste, le direbbero che la credono Assunta in Cielo, perché Dio l'ha rivelato e perché infallibilmente lo insegna la Chiesa Cattolica. Chi non volesse piegare la mente ad accogliere questo articolo di fede, sarebbe eretico, come chi nega il Mistero della Santissima Trinità o la Divinità di Gesù Cristo"*[47]

2.3 Teoria della progressiva esplicitazione

Il contenuto del deposito della fede, per Filograssi, è doppio: verità ***esplicita*** e verità ***implicita***, ma sempre verità contenuta nelle fonti.

Esplicita è una verità che si trova contenuta nella rivelazione apostolica in

---

45 Ibidem.

46 Cfr. FILOGRASSI G., *L'Assunzione di Maria Santissima nella tradizione cattolica*, «La Civiltà Cattolica», 1946, III, p. 243.

47 Ibidem.

termini espressi. Alle verità rivelate espresse in modo più che evidente, appartengono la nascita del Signore, la Sua vita, la Sua morte e risurrezione, e l'ascensione al cielo, la Trinità e Unità delle tre persone divine, la divinità di Gesù Cristo e la redenzione del mondo, da Lui operata.

Sono invece implicite quelle verità in principio, non evidenti, quindi non affermate, ma racchiuse in altre esplicitamente credute e contenute nel deposito della rivelazione apostolica.[48]

L'esplicitazione di una verità celata comporta un processo di chiarificazione che si svolge per tre gradi di un progressivo sviluppo.

- *stadio di esplicitazione completa*: qui la verità è professata apertamente tanto da risultare pronta per la proclamazione infallibile del Magistero della Chiesa;
- s*tadio di esplicitazione in sviluppo* (o stadio intermedio) si attiva quando una verità non è molto chiara. Attraverso questo processo investigativo di tipo sovrarazionale, viene man mano messa in luce e la verità, prima oscurata, diventa sempre più chiara, più evidente malgrado le incertezze e le discussioni da parte di alcuni studiosi.

[48] Cfr. FILOGRASSI G., *L'Assunzione di Maria Santissima nella tradizione Cattolica*, 1946, III, p. 246.

Purché l'errore opposto non prenda il sopravvento sul comune sentire della Chiesa.

- *stadio di silenzio*, all'interno del quale esiste agli inizi una zona di silenzio. In altre parole non è necessario che, fin dall'inizio del processo di esplicitazione i testimoni dichiarino che essa appartiene al deposito della rivelazione. Questo aspetto può essere messo in luce in seguito, così che solo per gradi, la verità prima implicita venga riconosciuta come rivelata.[49]

Un esempio tipico fra i tanti, di contenuto implicito nella tradizione divino-cattolica lo troviamo nello stesso campo della dottrina mariologica "la Immacolata Concezione":

- stadio di completa esplicitazione, con la definizione dogmatica dell' 8 dicembre 1854;
- stadio elaborazione lenta, con dissenso anche di grandi Dottori;
- stadio di silenzio nei primi quattro secoli.[50]

Attraverso l'iter dei tre stadi, si deve riconoscere che anche la verità

[49] Cfr. FILOGRASSI G., *Lo sviluppo del dogma nel Congresso mariologico del 1954*, «Gregorianum», 41, 1960, pp. 80-106.

[50] Cfr. FILOGRASSI G., *L'Assunzione di Maria Santissima nella tradizione cattolica,* «La Civiltà Cattolica», 1946, III, p. 246.

dell'Assunzione è contenuta non esplicitamente ma, secondo il parere della maggioranza dei teologi, solo implicitamente.

Ecco la esemplificazione testuale della teoria dei tre stadi di Filograssi:

> *Come nei cieli si muovono astri a noi ignoti; poi, crescendo la forza degli strumenti e le fatiche degli astronomi, l'occhio arriva a percepirli. A volte, però, la verità era sì contenuta nel deposito lasciato dagli Apostoli, ma come incastonata e amalgamata in un'altra verità esplicitamente professata...Col tempo e con il favore delle circostanze storiche, la verità a poco a poco viene prospettata in quanto acquista una propria consistenza e una propria verità espressa. Così un piccolo albero, identico sempre a se stesso, si sviluppa nella pienezza dei rami, delle foglie, dei fiori e dei frutti. Così un capolavoro artistico, a primo aspetto dimostra bellezze meravigliose; eppure, di nuovo amorosamente esaminato, scopre nuovi pregi, sfuggiti in una prima visione..*»[51]

Per quanto riguarda gli stadi sopra menzionati, Filograssi nel 1946 riteneva che si era giunti nel periodo di completa esplicitazione, prossimi quindi alla definizione dell'Assunzione.

Lo stadio intermedio dello sviluppo dinamico, si estende verso il sec. V.

Egli senza ripercorrere le varie tappe segnate da vicissitudini, incertezze e qualche rara negazione, preferisce sostare nella zona di silenzio all'interno della quale, anche se mancano testimonianze esplicite, si ascoltano voci

---

[51] FILOGRASSI G., *L'Assunzione di Maria Santissima nella tradizione cattolica*, 1946, III p.246.

foriere di futuri sviluppi.

In questo itinerario storico-dogmatico prende a guida l'opera di Otto Faller che nella prima parte elenca e discute i documenti che testificano i primi albori della verità dell'Assunzione; nella seconda, assegna motivi molto plausibili del periodo di silenzio; nella terza dimostra che l'Assunzione anche allora era professata implicitamente.[52]

2.3.1 Agli albori della esplicitazione[53]

Il periodo di esplicitazione ebbe inizio verso il VII-VIII sec. .

In Occidente nel VI sec., l'Assunzione fu attestata da S. Girolamo di Tours (538-594), in seguito, nel VIII sec. S. Alberto Magno, S. Bonaventura, S. Tommaso d'Aquino, si dichiaravano molto favorevoli.

In Oriente, tra la fine del VII e l'inizio dell' VIII sec. , i grandi Dottori, S. Germano da Costantinopoli, S. Giovanni Damasceno, lo Pseudo - Modesto da Gerusalemme, S. Andrea da Creta, rendono testimonianza ferma e sicura.

I Padri sopra menzionati, nelle loro omelie testimoniavano l'antica istituzione

---

52 Cfr. MARRANZINI A., *P. Giuseppe Filograssi un uomo di Dio*, p.77.

53 FALLER O., *De priorum seculorum silentio circa Assumptionem B. Mariae Virginis*, Pontificio Università Gregoriana, 1946, pp.9-65, in FILOGRASSI G., *L'Assunzione di Maria Santissima*, 1946, III, pp. 248-249.

della festa dell'Assunta.

Alla fine del VI sec., l' imperatore Maurizio aveva fissato al 15 Agosto la festa della “Dormizione” della Madre di Dio. In Siria alla metà del V sec. e in Palestina intorno al 500 si celebra una vera festa dell'Assunzione col titolo di “Memoria della Beata” (Maria).

Sul finire del sec. V, Timoteo di Gerusalemme, allude, in una omelia all'Assunzione corporea al cielo, come credenza già nota per tradizione antica. Timoteo non afferma né nega la morte e la sepoltura della Vergine Maria.

S. Epifanio verso il 377 avanza tre ipotesi:

- morte normale con sepoltura;
- morte violenta con gloria di martire;
- passaggio senza morte nella immortalità.

Egli non dubita che il transito della Vergine sia stato stupendo, miracoloso, glorioso. Ad Epifanio spetta l'onore di aver per primo presentato la glorificazione celeste della Madonna, con argomenti attinti dalla Sacra Scrittura.

Dall'esame dei documenti circa gli inizi dell'esplicitazioni, risulta che, in Occidente, l' Assunzione è affermata nel sec. VI., in Oriente alla fine del sec.

VII e al principio del sec. VIII: la festa liturgica in memoria della Beata Maria ci riporta indietro fino al 500.

Timoteo ed Epifanio ci conducono alla fine del sec. IV. Forse anche Pseudo Melitone attesta l'Assunzione di Maria agli inizi dello stesso secolo.

Retrocedendo ancora non si trovano altri documenti che facciano menzione circa l'Assunzione della Beata Vergine Maria.[54]

2.3.2 Periodo di silenzio e di affermazione implicita[55]

Filograssi, seguendo la terza parte dell'opera di O. FALLER[56], ci informa che l'Autore, procede con metodo non meramente storico ma storico-dogmatico, trattandosi di eventi naturali e soprannaturali, per esaminare il pensiero di S. Giovanni Damasceno e dei Padri a lui coevi. Egli vuole dimostrare che, anche quando ogni voce tace, l'Assunzione di Maria è implicitamente affermata.

Il Faller è volto a verificare su quali principi dogmatici essi si basano per giustificare il privilegio dell'Assunzione. Inoltre, risalendo ai primi secoli cioè

---

[54] FALLER O., *De priorum seculorum silentio circa Assumptionem B. Mariae Virginis*, Pontificio Università Gregoriana, 1946, pp.41-43, in FILOGRASSI G., *L'Assunzione di Maria Santissima*, 1946, III, pp. 248-249.

[55] FALLER O., *De priorum seculorum silentio,* pp.77-130, in FILOGRASSI G., *L'Assunzione di Maria Santissima*, 1946, III, pp. 249-250.

[56] FALLER. O., professore di Patrologia nella Pontificia Università Gregoriana,é noto per i suoi studi su S. Ambrogio, delle cui opere cura la edizione per il *Corpus* di Vienna, in FILOGRASSI G., *L'Assunzione di Maria Santissima*, 1946, III, p. 248.

all'epoca del silenzio, verifica se gli stessi principi sono anche allora esplicitamente professati. E riscontra che la verità dell'Assunzione era , sin d'allora , implicita in quei principi esplicitamente ammessi. Con ciò, avverte Filograssi, non si vuole asserire che i Padri di quei secoli avessero soggettivamente coscienza e conoscenza del dogma dell'Assunta ma che essi riconoscevano chiaramente i principi nei quali il dogma era contenuta.

I principi dogmatici su cui Damasceno e i Padri suoi contemporanei fondano il privilegio dell'Assunzione corporea di Maria sono cinque:

1. Principio di restaurazione (Eva-Maria) in Maria, contrapposta alla prima donna Eva, avviene la liberazione della morte che riduce il corpo in polvere;
2. Principio della divina maternità di Maria piena di grazia;
3. Principio della verginità miracolosa, intesa in senso lato, fino a rendere Maria pienamente incorrotta e non soggetta a restare in potere alla morte;
4. Principio di unità tra la Madre e il Figlio;
5. Principio di onore che il Figlio rende alla Madre

Orbene, tutto dipende dalla divina Maternità di Maria, Madre di Dio, unita intimamente a Cristo, in Lui e per Lui Restauratrice e Vergine tutta santa.

La verifica sui principi dogmatici condotta da Faller, dimostra che da questo secolo in su, gli identici principi sono espressamente enunciati. Manca solo il fatto che, dall'Assunzione si prende coscienza e ciò avverrà più tardi.

Per la conoscenza esplicita di questi principi dogmatici, Faller cita per il II secolo S. Giustino († circa il 165) e S. Ireneo († circa il 202);

per il III secolo, Tertulliano († dopo il 220), Origene († 253-54), S. Girolamo Taumaturgo († circa il 270); per il IV secolo S. Epifano († 403), S. Ambrogio († 397), S. Girolamo († 402), S. Agostino († 430) ecc.[57]

Pertanto si accerta che nei primi quattro secoli l'Assunzione di Maria è certamente insegnata in modo esplicito.[58]

---

[57] Cfr. FILOGRASSI G., *L'Assunzione di Maria Santissima nella tradizione apostolica*, La Civiltà Cattolica, 1a 946, III, pp. 249-250.

[58] MARRANZINI A., *Giuseppe Filograssi un uomo di Dio*, p. 79.

CAPITOLO III

LE FONTI DELLA TRADIZIONE APOSTOLICA

3.1 Modo in cui la tradizione potè determinarsi

Siamo certi che gli Apostoli abbiano insegnato in modo esplicito e chiaro i fondamenti delle glorie mariane, come apprendiamo dai Vangeli, dagli Atti degli Apostoli e da Paolo: *Maria de qua natus est Jesus; gratia plena,* con il resto che dissero l'Angelo ed Elisabetta; quello che poi aggiunse Maria di sé:
facit mihi magna qui potens est.... Nella pienezza della grazia era evidente la somma purezza che le apparteneva e di cui era rivestita la nuova Eva con il nuovo Adamo.[59]

Ma per più di tre secoli la Chiesa dové lottare per difendere e dichiarare quei misteri fondamentali da cui l'Assunzione dipende: la Trinità, la divinità di Cristo e la Incarnazione del Verbo, la Redenzione. In seguito, il pensiero e la riflessione dei fedeli ispirati dallo Spirito Santo, si fissarono sulla Madre di Dio e iniziarono a credere fermamente la Vergine glorificata in cielo, dopo la sua morte. Ancora, lo Spirito Santo, sollecitava i Pastori ad assecondare i

[59] Cfr .MATTIUSSI G., *L'Assunzione corporea della Vergine Maria Madre di Dio nel dogma cattolico*, Milano, 1924, pp.348-349, in G.FILOGRASSI, *L'Assunzione di Maria Santissima nella tradizione cattolica*, La Civiltà Cattolica, 1946, III, p. 250.

loro pensieri, annunciando nelle omelie che l'Assunzione di Maria era da tutti condivisa, e che questo era il sentire comune della Chiesa la quale assistita dallo Spirito Santo, non può cadere nell'errore e interpreta la parola di Dio, anche se dapprima non è del tutto esplicita[60].

Tra i Padri della chiesa non vi fu alcun dissenso sull'Assunzione corporea di Maria, mentre più tardi, alcuni apocrifi sognavano un trasporto del corpo di Maria nel paradiso terrestre nell'attesa della risurrezione. Tutti gli apocrifi attestano l'incorruzione del corpo della Vergine. Ma le loro stravaganti opinioni non passarono mai nelle omelie dei Padri, per cui quando questi ultimi parlano della sorte del corpo di Maria, con unanime consenso ne affermano l' incorruzione e anche l'Assunzione di esso al cielo e difendono questo evento soprannaturale con argomenti desunti, non dagli apocrifi, ma dai principi dogmatici della Tradizione antica.

Dopo l'età patristica l'Assunzione non fu mai negata ma si avanzò qualche dubbio perché o non si giudicava sufficientemente provata e se ne pretendeva assurdamente una prova storica, o perché si temeva di

---

[60] FALLER O. *De priorum seculorum silentio,* p.129, in FILOGRASSI G., *L'Assunzione di Maria Santissima*, 1946, III, p.251.

acconsentire alla favola degli apocrifi[61].

Il passaggio del dogma da indefinito a definito avviene in forza dei principi della Tradizione divino-cattolica implicante l'assistenza dello Spirito Santo che garantisce da ogni errore.

La Chiesa non definisce nuove verità ma o conferma e illustra le verità esplicitamente contenute dal deposito di fede, o evidenzia e ne esalta la verità implicitamente inclusa.

L'Assunzione fa parte di quest'ultima categoria, prima affermata oscuramente in alcuni principi dogmatici della Tradizione divino-cattolica, dopo, in virtù degli stessi principi (dignità assoluta della Madre, con conseguente eccelsa santità e purezza incomparabili) comincia *"a risplendere e va crescendo di fulgore fino al pieno meriggio"* che ne rende opportuna la definibilità[62].

3.2 Maria SS. nel Vangelo[63]

Per quanto riguarda il Vangelo, non vi sono molte parti riguardanti Maria Santissima, anzi, sono poche e di estensione limitata.

---

[61] Ibidem.

[62] Cfr. FILOGRASSI G., *L'Assunzione di Maria Santissima nella tradizione cattolica,* «La Civiltà Cattolica», pp. 250-251.

[63] LANDUCCI C., *Maria SS. nel Vangelo,* Società Apostolato Stampa, Roma, 1945, in 8°, p. 520 in G. FILOGRASSI, *Maria Santissima nel Vangelo*, «La Civiltà Cattolica», 1945, IV, p. 244.

Il nostro teologo Filograssi scrive un articolo prendendo in esame gli studi fatti da C. Landucci.

Questa di Landucci, egli osserva, non è una trattazione teologica sebbene attinga al pensiero di buoni teologi, ma non è un'esegesi scientifica del Vangelo benchè proceda fondandosi sul senso letterale, non è neppure lavoro storico, quantunque egli si serva degli studi storici compiuti dai cattolici. Il metodo adoperato per poter scoprire il senso evangelico si avvale di argomenti interni e quindi in questo caso si rende necessaria l'analisi psicologica anch'essa soggetta a modo suo a leggi rigorose.

Analisi, questa, che si fonda sulla conoscenza della persona sul suo modo di pensare, di agire e sentire, che permette di penetrare l'importanza delle sue azioni e il valore delle sue parole. Da qui, conoscendo un po' a fondo Cristo e la Vergine, ci si troverà nelle condizioni per valutare meglio tutto quanto di loro si legge e si medita nel Vangelo[64].

L'autore ha tenuto conto anche della analogia della fede che è una delle norme della corretta esegesi cattolica. E non solo per quanto riguarda la verità del dogma in senso stretto, cioè della verità di fede, ma anche della dottrina

[64] Ibidem.

della Chiesa, per esempio delle lettere Encicliche dei Sommi Pontefici.

Infatti, alla luce che oggi ha raggiunto la dottrina cattolica mariana, dopo tanti secoli di elaborazione e chiarificazione, dopo lo sviluppo crescente del culto e della devozione mariana nel popolo cristiano, l'interpretazione obiettiva di certi passi dubbi del Vangelo riguardanti Maria, si può arrivare prima in senso favorevole alle sue grandezze.

Ma abbiamo anche dei passi più chiari come la lode data dall'Angelo a Maria, che letta isolatamente, dice molto meno di quanto in realtà essa contiene se letta alla luce della dottrina cattolica sull'altissima santità della Madre di Dio.[65]

Attraverso i metodi suddetti Landucci è riuscito a passare in rassegna tutti i testi del Vangelo attinenti alla Vergine Maria, ed anzi a volte con sufficiente probabilità, arriva a cogliere nel comportamento della Vergine dei significati nascosti[66].

Prendiamo in esame alcuni detti del Signore che sembrano meno rispettabili verso la Vergine madre: Lc 2, 49 dopo il ritrovamento nel Tempio di Gerusalemme; Gv 2,4 nelle nozze di Cana; Mt 12, 48

---

[65] Cfr. FILOGRASSI G., *Maria Santissima nel Vangelo*, «La Civiltà Cattolica», 1945, IV, p. 246

[66] Ibidem.

all'annuncio che la Madre desiderava vederlo, e Gesù contesta, Lc 11,27-28 alla donna del popolo che chiama Beata la Madre di Dio e Gesù risponde che beati sono quelli che mettono in pratica la parola di Dio[67].

La interpretazione di questi Testi Sacri è riferita un doppio sentimento che alberga nel cuore materno di Maria che mentre "tende a stringere a se l'adorato Gesù" come madre: tende ad offrirlo per la nostra salvezza, come corredentrice e Madre nostra Spirituale. Sono due sentimenti che senza il minimo disordine morale, stanno tra loro

> "*in tragica e tanto straziante opposizione quanto grande è la tenerezza del suo amplesso per il Divin Figlio e straziante la Croce dove Ella infine l'offriva per noi*".[68]

A questi due sentimenti di Maria

> "*corrispondono reciprocamente sul Cuore di Gesù un' intima congiunzione con la Vergine Madre e dipendenza da Lei in quanto suo Figlio... e una perfetta unione e dedizione al celeste suo Padre*" in quanto redentore "*Per il primo amore Egli non avrebbe voluto mai lasciarla, per il secondo bramò staccarla sino alla morte di Croce...Si capisco dunque come Gesù, a cui corrispose perfettamente Maria, non solo abbia attuato questo distacco, ma lo abbia sottolineato e inculcato per nostro ammaestramento in varie occasioni e sotto vari aspetti*

---

[67] Ibidem, p.246.

[68] LANDUCCI C., *Maria SS. Nel Vangelo,* Società Apostolato Stampa, Roma, 1945, in 8°, p.298 in G. FILOGRASSI G., *Maria Santissima nel Vangelo*, «La Civiltà Cattolica», 1945, IV, p. 246.

e precisamente nelle occasioni, in cui occorrono i testi in discussione"[69]

Secondo l'Autore, il quale cerca di dimostrare plausibilmente ciò che afferma, Maria era certamente presente a Gerusalemme il venerdì santo, era arrivata nei giorni precedenti per seguire da vicino le ultime fasi della vita del Figlio.

Il giovedì santo, sebbene non presente alla istituzione dell'Eucarestia, si può quasi certamente pensare che, secondo il rito ebraico,

> "*per Lei fosse stata preparata la mensa, con altri, in un locale separato...In tale fondata ipotesi la partecipazione al banchetto eucaristico, pur non sedendo, Ella alla mensa degli Apostoli, è ammissibile, anzi particolarmente conveniente, date le ultime relazioni della Madonna con l'Eucarestia*".[70]

Ai due fatti culminanti di Maria, ci fa notare Filograssi, ***L'Annunciazione e il Calvario***, rivolge l'Autore una specialissima attenzione. Il ***Fiat*** della Vergine rappresenta l'inizio della grandezza di Maria e il magnifico compendio della sua santità[71].

Anche in cielo, finito ogni dolore perdura

---

[69] Ibidem, p.247.

[70] LANDUCCI C., *Maria SS. Nel Vangelo,* Società Apostolato Stampa, Roma, 1945, in 8°, p.360 in G. FILOGRASSI G., *Maria Santissima nel Vangelo*, «La Civiltà Cattolica», 1945, IV, p. 246.

[71] Cfr., ibidem.

"la linea direttiva costante di tutta la sua vita terrena, caratterizzata da -fiat- del pieno abbandono e della piena conformità al volere divino... Nel cielo anzi cotesto -fiat- si dilata a informare pure la sua assistenza materna, trasformandosi nella suprema sua impetrazione affinché riusciamo anche noi a camminare nella perfetta conformità al suo divino volere"[72]

Le parole di Gesù sulla Croce: «Mulier, ecce filius; ecce mater tua» secondo il Lambertucci hanno un doppio significato, scritturistico e letterale. Uno immediato riferito all'Apostolo Giovanni a cui affida la temporale assistenza della Maria; l'altro mediato che riguarda Maria, quale Madre nostra spirituale.

L'Autore prende una propria posizione nell'interpretazione delle parole e degli atteggiamenti di Gesù, alla luce del contegno abituale con i parenti; il contesto prossimo; le parole in sé; l'inopportunità che è quindi l'impossibilità che le parole dette a Giovanni si riferiscono in senso stretto solo a lei.[73]

Con un'argomentazione molto rigorosa, egli arriva fino ad escludere il senso letterale immediato delle Sue parole. Con le parole dette sulla Croce a Maria e a Giovanni, Gesù ci ha fatto dono grande,

---

72 LANDUCCI C., *Maria SS. Nel Vangelo,*Società Apostolato Stampa, Roma, 1945, in 8°, pp. 493-497 in FILOGRASSI G., *Maria Santissima nel Vangelo*, «La Civiltà Cattolica», 1945, IV, p. 247.

73 Cfr. LANDUCCI C., *Maria SS.. Nel Vangelo,*Società Apostolato Stampa, Roma, 1945, in 8°, pp. 415-428 in FILOGRASSI G., *Maria Santissima nel Vangelo*, «La Civiltà Cattolica», 1945, IV, p. 247.

"Incomparabile, divinamente prezioso, per costituire il suo ultimissimo Testamento. Durante la vita ci aveva rivelato e quindi, in un certo senso donato il Padre celeste; ora in punto di morte proclama e ci dona la Madre celeste. In corrispondenza della preziosità di questi di questi suoi estremi momenti, è il dono più prezioso, perché è il mezzo e l'ausilio che deve condurci a Lui e al Padre... Dopo essere stato abbassato per aprire il nostro animo alla più tenera confidenza, in lui ci dona Colei il ricorso al cui Immacolato e materno cuore è il mezzo più sicuro per vivere fiduciosi nel suo Divino Cuore".[74]

Giuseppe Filograssi consiglia:

"Il libro del Landucci è cibo troppo forte e sostanzioso per essere dato in lettura indistintamente a tutti i fedeli. Molto utile riuscirà ai sacerdoti, agli alunni del santuario e ai laici, forniti di sufficiente cultura religiosa e teologica.

Due indici-scritturale e analitico-renderanno più agevole l'uso del libro"[75]

[74] LANDUCCI C., *Maria SS. Nel Vangelo,* Società Apostolato Stampa, Roma, 1945, in 8°, pp. 430-431 in FILOGRASSI G., *Maria Santissima nel Vangelo*, «La Civiltà Cattolica», 1945, IV, p. 247-248.

[75] FILOGRASSI G., *Maria Santissima nel Vangelo*, «La Civiltà Cattolica», 1945, IV, p. 247.

CAPITOLO IV

DOV'È CONTENUTA LA VERITÀ DELL'ASSUNZIONE CHE GIÀ CONOSCIAMO COME ESSERE RIVELATA

4.1 La teoria dell'esplicitazione applicata alla verità dell'Assunzione

Ogni verità rivelata deve essere contenuta nelle fonti. Ciò posto, si deve opportunamente indagare su dove si trovi e si manifesti l'Assunzione come rivelazione, nella Scrittura e nei Documenti della tradizione apostolica, presso i Padri e gli Autori posteriori.

Ma prima di affrontare una investigazione di questo genere, sembra necessario stabilire alcuni criteri che guidino la ricerca.

1. L'infallibilità del Magistero Ecclesiastico sempre uguale a se stesso, a causa della successione apostolica dell'insegnamento di una sola verità dagli inizi al momento presente[76] e sino a quando esisterà la Chiesa di Gesù Cristo.
2. La tradizione cattolica con la sua origine soprannaturale, e l'aiuto divino promesso per la conservazione perenne di ciascuna verità

[76] Cfr., FILOGRASSI G., *La definibilità dell'Assunzione di Maria. Studio teologico.* La Civiltà Cattolica, Roma, 1949, p. 21

rivelata, contro gli errori del Modernismo che nega la legittimità del primato del criterio dogmatico[77].

3. Il processo di esplicitazione, che per gradi mette in luce quella verità, prima oscurata, rivelata solo implicitamente[78].
4. Per dimostrare dove si manifesta una verità come rivelata, non è necessario che i teologi cattolici propongano tutti gli stessi argomenti. Quando la Chiesa dichiara infallibile quella verità quale dogma di fede, non è necessario che i teologi siano prima di tutto d'accordo[79].

Secondo i criteri enunciati rimane da verificare dove l'Assunzione a noi si manifesti come rivelata, sempre supponendo, come già noto, la realtà certa della rivelazione.

La prima via da seguire sembra essere il Protovangelo

[14] Allora il Signore Dio disse al serpente:
"Poiché tu hai fatto questo,
sii tu maledetto più di tutto il bestiame
e più di tutte le bestie selvatiche;
sul tuo ventre camminerai
e polvere mangerai
per tutti i giorni della tua vita.

---

77 Cfr., ibidem, p. 22.
78 Cfr., ibidem, p. 25.
79 Cfr., ibidem, pp.26-27.

[15] Io porrò inimicizia tra te e la donna,
tra la tua stirpe
e la sua stirpe:
questa ti schiaccerà la testa
e tu le insidierai il calcagno". Gen 3,14-15

confrontato con la rivelazione cristiana del Nuovo Testamento, con i documenti dell'età patristica e di tutto il periodo posteriore sino ai nostri giorni.

Il Protovangelo contiene la profezia del futuro liberatore. Senza dubbio si può ritenere che la donna del v.15, è Maria Santissima[80].

Con altrettanta certezza si può ammettere che nella Genesi sono contenute le comuni inimicizie e la comune vittoria di Cristo Redentore e della Sua Santissima Madre, contro il demonio.

Tra i documenti dei Padri e degli scrittori ecclesiastici, alcuni interpretano direttamente il testo della Genesi, altri indirettamente vi alludono l'opposizione tra Eva per cui a noi venne la morte, e Maria per cui a noi viene la vita[81].

Cristo riportò la vittoria sul peccato e sulla morte; anche Maria che diede alla

---

[80] Cfr., ibidem, p. 27.
[81] Cfr., ibidem, p. 28.

luce il Redentore, che esercitò le medesime inimicizie contro il demonio, e per mezzo del Figlio e con il Figlio schiacciò il capo al serpente, dové riportare la vittoria sul peccato, in modo che in Lei non vi fosse nessuna ombra di peccato.

Di conseguenza o non morì, o se è morta, come Filograssi pensa, non vide la corruzione del sepolcro, ma risorgendo, trionfò sulla morte, che nella presente economia redentiva è sequela del peccato. Ma se Maria andò soggetta alla morte, non fu per essere incorsa nel peccato, ma per conformità con suo Figlio. Maria trionfò sulla morte fino all'anticipata glorificazione dell'anima e insieme del corpo. Per questo ed altro professiamo che l'Assunzione della Beata Vergine e verità rivelata.[82]

L'altra via per giungere alla meta è quella seguita da Papa Pio IX con la Bolla *Ineffabilis Deus*[83], quando cantava le lodi e i privilegi della maternità divina, della pienezza di grazia, della verginità.

Circa la maternità:

> *«Iddio ineffabile... elesse e preparò al suo Figlio Unigenito, una madre, dalla quale incarnato nascesse nella beata pienezza dei tempi, e tanto l'amò*

[82] Cfr. FILOGRASSI G., *Definibilità dell'Assunzione*, 1949, pp. 27-29.

[83] PIO IX,, Costituzione Apostolica, *Ineffabilis Deus,* in Enchiridion delle encicliche, EDB, Bologna, 1995, vol. 2

sopra tutte le altre creature, che di lei sola con profondissimo affetto si compiacque. Laonde mirabilmente l'arricchì sopra tutti gli Spiriti Angelici e tutti i Santi dell'abbondanza di tutti i doni dei tesori divini»[84].

In ordine alla pienezza di grazia, il Pontefice insegna con gli stessi Padri e Scrittori della Chiesa che:

« la Beata Vergine, allorchè dall'Angelo Gabriele fu salutata in nome di Dio stesso e per Suo comando, piena di grazia, insegnarono da questo singolare e solenne saluto mai più udito, essere dimostrato che la Madre di Dio fu sede di tutte le grazie divine ornate di tutti i doni del divino Spirito...»[85].

Tanto che meritò udire da Elisabetta, mossa dal divino Spirito:

«Benedetta tu fra le donne e benedetto il frutto del tuo seno».

Di nuovo circa la pienezza della grazia e della verità noi leggiamo:

«Perciò non cesseranno mai, (i Padri e gli Scrittori della Chiesa), di chiamare la Madre di Dio, ora giglio fra le spine, ora terra non mai toccata, verginale, illibata, immacolata, sempre benedetta e scevra da ogni contagio di peccato, da cui si formò il nuovo Adamo, ora irreprensibile, lucidissimo ed amenissimo paradiso di innocenza, di immortalità, di delizie, piantato da Dio stesso e difeso da tutte le insidie del velenoso serpente, ora legno

---

[84] *«Ineffabilis Deus...Unigenito Filio suo matrem, ex qua caro factus in beata temporum plenitudine nascerentur, elegit atque ordinavit, tantoque prae creaturis universis est prosequutus amore, ut in illa una sibi propensissima voluntate complacerit. Quapropter illam longe ante omnes Angelicos Spiritus, Sanctos coelestium omnium charismatum copia de thesauro divinitatis deprompta...mirifice cumulavit».* In *Gregorianum,* XXVII (1946) in FILOGRASSI G., *Definibilità dell'assunzione di Maria. Studio teologico,* La Civiltà Cattolica, 1949, p. 30.

[85] Cfr. . FILOGRASSI G., *La definibilità dell'Assunzione di Maria Santissima* ,II, 1949, p. 263.

immarcescibile, non mai intaccato dal verme del peccato, ora fonte sempre limpido e chiuso per virtù dello Spirito Santo, ora tempio divinissimo, ora tesoro d'immortalità, ora unica e sola figlia non della morte ma della vita, germoglio non dell'ira ma della grazia, che contro le stabilite e comuni leggi, per singolare provvidenza di Dio da corrotta e infetta radice fiorì sempre verdeggiante...(E gli stessi padri, dottori della Chiesa) spessissimo la chiamarono ***illibata e d'ogni parte illibata****...e sola santa e purissima nell'anima e nel corpo, la quale, tranne Dio solo fu a tutti superiori, più bella, più vezzosa, più santa per natura degli stessi Cherubini e Serafini e di tutto l'esercito degli Angeli, per lodar la quale non bastano le lingue celesti e terrene. E nessuno ignora che questo parlare passò come spontaneamente nei monumenti della sacra liturgia e negli uffici ecclesiastici, ove di frequente si incontra e vi domina largamente, invocandosi in essi e lodandosi la madre di Dio come sola colomba di incorrotta bellezza, come rosa sempre fiorente, e celebrandosi come un'innocenza mai offesa e come la seconda Eva che diede al mondo l'Emmanuele.*[86]»

Nei tre privilegi mariani, maternità divina pienezza della grazia, verginità integerrima, virtù queste che la Chiesa le riconosce, è contenuto anche l'altro: l'Assunzione.[87]

Di Maria, da cui è nato il Verbo fatto uomo, la cui carne è carne di Maria, di Maria, strettissimamente congiunta al Figlio e a Lui del tutto conforme; di

---

[86] In *Gregorianum,* XXVII (1946) pp. 610-612 in FILOGRASSI G., *Definibilità dell'assunzione di Maria. Studio teologico,* La Civiltà Cattolica, 1949, pp. 31-33.

[87] Cfr. FILOGRASSI G., *Intorno all'Assunzione di Maria. Quesiti e risposte*, 1949,II, p. 265, La Civiltà Cattolica p. 265

Maria, elevata sopra tutti gli angeli e i santi, ornata dell'abbondanza di tutti i celesti carismi, meritatamente si afferma che regna in cielo col suo corpo glorificato.[88]

In questi tre privilegi mariani è dunque contenuta l'Assunzione, e i dubbi vengono dissipati anche perché tutto il mondo cattolico la ritiene verità rivelata.

Precisa Filograssi che il modo di procedere di cui si è servito per condurre l'indagine presupponendo cioè l'Assunzione come rivelata è legittimo, è un criterio non semplicemente storico, ma storico e insieme dogmatico.

Legittimo perché la teologia spesso ne fa ricorso quando per esempio, interpreta il significato di un testo biblico, o quando una espressione patristica è indeterminata, allora al testo intorno al quale si discute, non si attribuisce un senso che non ha, sarebbe del tutto arbitrario, ma si rende manifesto un significato latente e non del tutto chiaro.

Nel caso dell'Assunzione, l'attuale affermazione esplicita e la precedente implicita o in sviluppo fanno blocco in modo che: la luce del primo stadio illumina la semi-oscura del secondo. Questo intrinseco legame logico si

---

[88] FILOGRASSI G., *Definibilità dell'assunzione di Maria. Studio teologico,* La Civiltà Cattolica, 1949, pp. 33-34.

manifesta con la maggior luce riflessa dal grande consenso della Chiesa.

Un'altra molto valida ragione (aggiunta personalmente dal nostro carissimo Teologo barlettano), che egli dice tolta dalla *"eccelsa dignità di Maria"*.[89]

> ***"Essa è Regina degli Angeli e degli uomini, Regina del Mondo. Se fosse in cielo con la sola anima, sarebbe Regina, che nemmeno è persona umana. La quale comprende non solo l'anima ma anche il corpo"*[90].**

4.2 Quesiti e risposte

Nel 1948-'49 G. Filograssi, nell'articolo "*Intorno all'Assunzione di Maria. Quesiti e Risposte*[91]", risponde ad alcuni quesiti che gli erano stati sottoposti da parte di sacerdoti e laici, in particolare circa l'opportunità della definizione del dogma dell'Assunta, citando i motivi di opportunità globalmente indicati in molte delle petizioni inviate alla S. Sede per la definizione.

1. Manifestare solennemente la verità rivelata è sempre opportunissimo. È una vittoria della fede contro il razionalismo imperante.
2. La definizione sarebbe aperta professione della divinità di Gesù Cristo, giacché Maria fu assunta in cielo perché Madre di Dio.

---

[89] Cfr. FILOGRASSI G., *Definibilità dell'Assunzione*, 1949, pp. 31-36.

[90] Ibidem, p. 36.

[91] FILOGRASSI G., *Intorno all'Assunzione di Maria. Quesiti e Risposte*, La Civiltà Cattolica, Roma, 1949, pp. 261-270.

3. La Chiesa riconoscendo alla Beata Vergine il fatto che ha sconfitto tutte le eresie nel Mondo intero, spera che la definizione dogmatica giovi ad attirare gli eretici all'ovile.
4. Si avrebbe quasi un argomento sensibile dell'articolo del simbolo apostolico "credo nella risurrezione della carne, contro il materialismo che imperversa ai nostri giorni.
5. Si aumenterebbe il merito dei fedeli nel professare l'Assunzione come verità solennemente proclamata.
6. Di nuova gloria sarebbe rivestita la Santissima Madre.
7. Ogni nuova definizione è fonte di luce, di forza e di benedizioni per la Chiesa.
8. Un altro trionfo di Maria nella fede, nel culto del popolo cristiano si opporrebbe alla propaganda protestante che non cessa di attaccare le prerogative fondamentali della Madre di Dio e Madre nostra.
9. Nell'espandersi delle missioni tra gli infedeli, ai nuovi popoli cristiani, la teologia mariana si presenterebbe più precisa e più ferma.[92]

Filograssi riconosce che tutte le questioni mosse non siano state

[92] Cfr. HENTRICH G.-DE MOOS R.G., *Petitiones de Assumptione corporea B. V. M.*, II, pp. 742-743, in FILOGRASSI G., *Intorno all'Assunzione di Maria. Quesiti e Risposte,* La Civiltà Cattolica, 1949, II, pp. 269-270

esaurientemente risolte, molte sono ancora in periodo di discussione: quesiti sulla morte, nei documenti dell'epoca patristica, sugli apocrifi, ecc.

Ma aggiunge che non è affatto necessario che prima della definizione, tutti questi punti siano decisamente chiariti.

4.3 Dissertazione inaugurale: «La teologia cattolica e l'Assunzione della B. V. Maria»[93]

In questi anni, intorno al '49-'50, il patrologo tedesco Bertold Altaner dichiara che la scienza teologica non può dimostrare che l'Assunzione è da Dio rivelata. Con le sue tesi e i suoi ragionamenti era determinato a smontare le argomentazioni del Magistero della Chiesa sulla veridicità della rivelazione dell'Assunta.

Tutta la storia secolare di un popolo che fermamente aveva creduto e che crede e ha sostenuto a spada tratta che la Madre Santissima, in cielo è l'universale mediatrice presso Dio, con la sua anima e con il suo corpo, si riduce a semplici ragioni di pura convenienza, priva di valore scientifico.

Non si trova, a dirla con lui, alcun argomento efficace nella tradizione divina,

---

[93] MARRANZINI A., *P. Giuseppe Filograssi un uomo di Dio*, pp. 84-88.

tantomeno nella S. Scrittura. Secondo Altaner, pochi teologi contemporanei negano la definibilità; la maggioranza che afferma la definibilità, manca di spirito critico, ed è guidata più dalla volontà che dall'intelletto.

Giuseppe Filograssi, che fu incaricato dal Rettore della Università Gregoriana Paolo Dezza, di tenere la dissertazione inaugurale dell'anno accademico 1950-51, non perse l'occasione per dimostrare, contro le obiezioni avanzate dell'Altaner, che l'Assunzione è verità rivelata, richiamando i principi della teoria scientifica cattolica.

Tutto questo accadeva quindici giorni prima della solenne definizione dogmatica, esattamente il 16 ottobre del 1950[94].

Altaner, a riguardo dell'indagine sulla rivelazione e la definibilità, denuncia che mancano i documenti storici per risalire agli Apostoli, anche la Tradizione non è per niente affidabile, e la scienza teologica fa ricorso alle fantasie degli apocrifi e a ragione di pura convenienza, per interpretare i dati della Scrittura e della Tradizione.

Per questo ed altro, il fatto stesso che l'Assunzione non è verità certa, non è dimostrabile.

---

[94] Cfr. FILOGRASSI G., *Theologia catholica et Assumptio B. M.V.,* in *Gregorianum* 31 (1950) pp. 323-360 in MARRANZINI A., *Giuseppe Filograssi un uomo di Dio*, p. 85.

Ma Altaner, in tutta risposta afferma Filograssi, soppiantando il Magistero Ecclesiastico, dimentica il principio del valore infallibile del consenso unanime dei Vescovi, uniti al Papa, fa passare sotto silenzio la lettera del Sommo Pontefice ai Vescovi per conoscere il parere degli stessi e dei fedeli a loro affidati, sulla opportunità della definibilità dell'Assunta. Anzi reputa essere una grande iattura la eventuale definizione, per la scienza teologica e tutto il movimento assunzionistico.

Condanna inoltre, implicitamente il Papa e i Vescovi di tutta la Chiesa perchè egli dice, che asseconderebbero lo zelo

«propagandistico»[95].

Ma se mancarono nei primi secoli, in quelli successivi, e ancora oggi mancano i dati storici, le ragioni di pura convenienza non servono a superare tale mancanza. Anche dalla S. Scrittura non si traggono conclusioni. In queste circostanze, i teologi sogliono ricorrere al senso tipologico, dichiarato da Altaner illegittimo[96].

Non vi sarebbe stato alcun progresso dogmatico per l'Assunzione.

Se si parla di progresso è solamente attribuibile a ragioni di convenienza e

[95] Cfr., ibidem, p. 86.
[96] Cfr., ibidem.

all'entusiasmo propagandistico dei tempi più recenti.

Risponde Filograssi che la via da seguire per dimostrare l'Assunzione come verità rivelata è necessario far ricorso a quei principi cattolici di cui la teologia cattolica si serve per interpretazione di argomenti di certezza non assoluta[97].

Quali, il principio del valore infallibile del Magistero Ecclesiastico; il valore della Tradizione divino-cattolica; il processo di esplicitazione e chiarificazione progressiva, considerando che all'epoca, era giunto il dogma dell'Assunta al suo ultimo stadio; il primato del criteri dogmatico su quello storico-scientifico per l'interpretazione delle S. Scritture.

Se questi principi fondamentali non sono accettati, la dimostrazione dell'Assunta come verità rivelata non sarà mai possibile in quanto stiamo trattando un argomento di ordine soprannaturale. E se non si accoglie il fatto stesso che la Santa Vergine vive in cielo con l'anima e il suo corpo glorioso, basato sulla rivelazione e non su argomenti di ordine storico, si sprofonda in una confusione tenebrosa totale.

Coerentemente, con i principi della Tradizione divino-cattolica si deduce che

[97] Cfr., ibidem, p. 86.

l'Assunzione è contenuta nella Tradizione in modo non esplicito ma implicito in quanto inclusa in verità esplicitamente rivelata. Rivolgendosi direttamente ad Altaner, che più volte ha asserito il valore inconsistente delle ragioni di convenienza, ribadisce che esse posseggono un vero valore, quando si dimostri che il contrario implica per Dio una inconvenienza[98].

Adoperano i principi cattolici per l'interpretazione della S. Scrittura si deduce un argomento valido del Protovangelo

"*Alla donna disse:*
"Moltiplicherò i tuoi dolori e le tue gravidanze,
col dolore partorirai figli.
Verso tuo marito sarà il tuo istinto,
ma egli ti dominerà". Gen 3,16

e dell'Annunciazione di Maria in Lc 1,28 *"Entrando da lei, disse: "Ti saluto, o piena di grazia, il Signore è con te".* purchè questi siano interpretati alla luce di altri testi biblici e della Tradizione senza vincolarsi al senso puramente letterale, filologico e storico.

Il consenso unanime dei Vescovi va tenuto in alta considerazione, quantunque non tutte le affermazioni abbiano uguale valore. La definizione sarà

[98] Cfr. FILOGRASSI G., *Theologia catholica et Assumptio B. M.V.*, in *Gregorianum* 31 (1950) pp. 356-360 in MARRANZINI A., *Giuseppe Filograssi un uomo di Dio*, p. 87.

opportuna affinchè la verità dell'Assunzione sia confermata in maniera irremovibile, siano dichiarate e inculcate le varie nozioni della Tradizione del Magistero, dell'ermeneutica e affinchè i teologi e gli storici evitino ogni contaminazione di razionalismo e storicismo».[99]

Si riporta alla lettera ciò che racconta Marranzini:

> "*Dopo* ***la dissertatio*** *Filograssi rientrò nella sua stanza, io andai a congratularlo e ringraziarlo. Egli tutto giulivo mi additò sul suo tavolo la foto della Vergine che si venera nella Cattedrale di Barletta, intitolata al mistero della sua Assunzione al cielo.* «***La Mamma nostra sarà contenta del mio lavoro*** – mi disse – ***Tu mi accompagnerai a S. Pietro il giorno della definizione***». *Accolsi ben volentieri l'invito e potetti, il 1 novembre 1950, constatare la sua profonda emozione fino alle lacrime quando risuonarono le parole di Pio XII*: «***...a gloria di Dio Onnipotente, che ha riservato in Maria Vergine la sua speciale benevolenza, ad onore del suo Figlio, Re immortale dei secoli e vincitore del peccato e della morte, a maggior gloria della sua augusta Madre ed a gioia ed esultanza di tutta la Chiesa...definiamo esser dogma da Dio rivelato che l'Immacolata Madre di Dio sempre Vergine Maria, terminato il corso della vita terrena, fu assunta alla gloria celeste in anima e corpo***»[100].

[99] FILOGRASSI G., *Theologia catholica et Assumptio B.M.V.,* in Gregorianum 31 (1950) pp.323-360, in Cf. MARRANZINI A., *Giuseppe Filograssi un uomo di Dio e maestro insigne*, ADP, Roma, 2005.

[100] Costituzione ap. *Munificentissimus Deus*, n. 44, in *La Civiltà Cattolica* 1950, IV, in MARRANZINI *Giuseppe Filograssi un uomo di Dio e maestro insigne*, pp. 87-88.

CAPITOLO V

L'ASSUNZIONE DI MARIA SANTISSIMA

DOGMA DI FEDE[101]

5.1 Alle soglie della solenne proclamazione

Giuseppe Filograssi, dopo aver esaminato accuratamente i vari aspetti della definizione e dato esaustive risposte a dubbi, incertezze ed obiezioni emerse, in occasione dell'imminente proclamazione, ai lettori di "*Civiltà Cattolica*", così presentava l'oggetto della definizione, precisandone i contenuti:

> *«Quando questo mio quaderno sarà nelle mani dei lettori, il Papa, com'è stato annunciato, avrà già proclamato il dogma dell'Assunzione di Maria.*
> *È la prima volta, dopo la definizione dell'infallibilità papale nel Concilio Vaticano (18 luglio 1870), che il Sommo Pontefice proclama un dogma di fede. Il I° novembre di quest'Anno Giubilare 1950 resterà memorando nella storia della Chiesa, come quell' 8 dicembre 1854, quando Pio IX proclamò la Immacolata Concezione.»*[102]

L'infallibilità, egli spiega, non è da confondersi con la peccabilità morale

---

[101] FILOGRASSI G., *L'Assunzione di Maria Santissima dogma di fede,* La Civiltà Cattolica, Roma, 1950, pp. 281-292.
[102] Ibidem, p. 281.

e non si estende a tutti gli Atti del Magistero del Papa, ma si verifica solo in particolari circostanze, esattamente determinate dal Concilio Vaticano, il Papa può definire e infatti definisce, in forza della suprema apostolica autorità che gli appartiene, con l'assistenza divina che lo preserva dall'errore, anche nel caso di verità non propriamente rivelata da Dio, ma con la rivelazione in qualche modo connessa, come accade, per esempio nella canonizzazione dei santi. Ma non così è definita l'Assunzione, bensì come *dogma di fede*, cioè come verità da Dio rivelata, che la Chiesa proclama e i fedeli devono credere con atto di fede divina soprannaturale.

La definizione dell'Assunzione può considerarsi sotto vari aspetti.

Egli si propone di stabilire l'oggetto preciso della definizione, e dimostrare come, secondo i principi cattolici, il dogma sia contenuto nella Tradizione divino-cattolica[103].

> *«Esponiamo la verità ai cattolici, e ai principi cattolici, recentemente illustrati nell' Enciclica "Humani Generis", con ferma e convinta fedeltà ci appoggiamo.»*[104]

5.2 L'oggetto della definizione

[103] Cfr., ibidem, p. 282.
[104] Ibidem, p. 282

Il dogma definito importa e testimonia che Maria Santissima fu assunta alla gloria celeste in anima e corpo, dopo concluso lo stadio della vita terrena.

- Maria fu assunta in cielo in anima e corpo; con l'anima e col corpo, uniti a formare un'integra persona umana.
- La definizione non entra nel merito della questione se la vita terrena di Maria si sia conclusa con la morte e la risurrezione, o con l'immediato trapasso al cielo. Per cui i teologi liberamente potranno continuare a discuterne, i più propendono per la prima ipotesi, solo in pochi sono di parere contrario[105].

La gloria celeste viene così spiegata, secondo quanto la dottrina cattolica insegna:

1. *«L'anima della Vergine Maria gode, in cielo, della beatitudine soprannaturale. Secondo la misura dei meriti, vede Dio faccia a faccia; Ella ama e gode di Dio, con intensità rispondente alla visione.*
2. *Il Suo corpo immortale, impassibile e incorruttibile ha subito una trasformazione, che lo rende degno strumento dell'anima, anch'esso a suo modo perpetuamente felice.*
3. *La Vergine, anima e corpo unita per sempre a Cristo come Dio, per mezzo della visione beatifica; con Cristo come uomo, con unità di mente, di cuore, con la stessa fisicità corporale presente a Maria: Maria corporalmente*

[105] Cfr. Ibidem, p. 282.

presente a Cristo.

4. *Maria, nella e per L'Assunzione elevata al di sopra dei cori degli Angeli e dei Santi, ha cominciato ad esercitare il suo ufficio di Mediatrice di grazie a pieno cuore e con umana tenerezza materna. La glorificazione del corpo che per tutti i giusti mortali avverrà, per grazia di Dio, alla fine dei tempi, per Maria è già un fatto compiuto.»*[106]

La verità rivelata, conclude Filograssi, contenuta nella Tradizione divino-apostolica, e la Chiesa, sotto l'assistenza dello Spirito Santo, l'ha infallibilmente trasmessa. Esisteva già il consenso unanime dei Vescovi di tutto il mondo, prima della formale definizione. La definizione solenne pone l'ultimo sigillo alla fede già vigente nella Chiesa. Se prima qualcuno poteva dubitare che il consenso del Magistero ordinario avesse raggiunto gli estremi (il massimo) per imporsi infallibilmente alla nostra fede, ora dopo il solenne giudizio del Papa pronunciato *"ex chatedra"*, nessun dubbio può suscitare.

Il Magistero, come avverte "*Humani generis*" che, viene da alcuni, fatto apparire come impedimento al progresso e un ostacolo per la scienza, al contrario è fonte di verità assoluta.

Quindi i teologi devono esaminare i documenti e i monumenti con tutti gli strumenti di conoscenza critica e storica; tuttavia le testimonianze del passato

---

106 Ibidem, pp. 282-283.

che appartenenti alla divina tradizione, dovranno passare sotto la vigilanza e la direzione del Magistero, sempre illuminato e guidato dall'azione dello Spirito di Dio, e che conserva sempre intatta la verità in progresso[107].

A questo punto Filograssi continua la sua carrellata sui principi su cui si fonda la verità del dogma.

Il ravvisamento dell'Assunta come verità esplicita che ebbe inizio nel secolo VII-VIII è contenuto nel deposito della fede, trasmesso dagli Apostoli ai loro successori nel Magistero della Chiesa. Non ci sono documenti che ci portino ai primi tempi del Cristianesimo, e il metodo puramente storico non serve a esplorare ciò che trascende il tangibile[108].

Occorre un criterio superiore, come più volte ha ricordato Filograssi, il criterio teologico che permette di conoscere il senso e di interpretare il contenuto rivelato, perchè Gesù affidò il deposito della rivelazione non alla scienza storica, ma alla Chiesa che lo Spirito Santo illumina al di là di quanto è consentito dedurre con il suo criterio storico -critico.

Nel Protovangelo vengono preannunciate la comune inimicizia e la comune vittoria del Redentore e della Madre Sua, strettamente unita a Lui, sul diavolo

---

[107] Cfr. Ibidem, pp. 283-285.

[108] Cfr. Ibidem, pp. 287-288.

seduttore che porta con sé il peccato e la morte. La piena vittoria, per la Madre con il figlio: vittoria sul peccato e sulla morte, sul peccato nella Immacolata Concezione di Maria, sulla morte nella sua Assunzione corporea.

Questo discorso non è determinato da pura convenienza, ci permette di osservare i decreti con cui Dio, per porre riparo al peccato dei nostri progenitori, stabilì l'incarnazione di suo Figlio e l'unione di Maria con Cristo ravvisata nel Protovangelo. Qui la dignità e la missione di Maria. Ella non doveva solo generare e custodire il Bambino Gesù sino alla maternità, ma doveva dal suo *fiat* all'annuncio dell'Angelo, essere la socia del divino redentore, per combattere e vincere con Lui, ed entrare come Lui, con il corpo e l'anima, nella gloria celeste[109].

Termina così questo studio sulla dottrina assunzionistica, meravigliosamente esposta dal nostro gesuita e teologo a pieno titolo.

---

109 Cfr. MARRANZINI A., *P. Giuseppe Filograssi, Uomo di Dio e maestro insigne.*

CONCLUSIONE

Questo lavoro che ha come oggetto di studio il dogma dell'Assunzione al cielo di Maria, attinge notizie, nozioni, dottrine, da quella fonte inesauribile di scienza teologica e non solo, che ha per nome Giuseppe Filograssi.

Nella compilazione ho seguito pedissequamente il suo criterio organizzativo con cui affrontò lo studio sul suo tema, conducendomi quasi per mano alla conoscenza di quella complessa serie di attività coordinate, dirette a raggiungere nel caso specifico, la proclamazione definitiva del dogma mariano dell'Assunzione.

Partendo così dalle petizioni, al pieno consenso unanime dei Vescovi, dai principi della Tradizione divino-cattolica, dalle Sacre Scritture e soprattutto in forza del consenso del Magistero della Chiesa, che gode dell'assistenza dello Spirito Santo si arriva finalmente ad affermare che la verità dell'Assunzione è rivelata.

La spiegazione che egli dà della teoria dei tre stadi di progressivo sviluppo, è un magistrale esempio di comunicazione anche con gli eventuali scolari che mi saranno affidati: "annunziare loro la buona novella", a guisa di favola da cui è possibile di volta in volta trarre la giusta morale. Con molta sincerità devo riconoscere che gli obiettivi prefissatimi nella scelta del corso di studi, credo in parte di averli raggiunti. Le domande trascendentali molto importanti e altrettanto difficili, facendo ricorso all'ausilio della sola ragione, non hanno trovato risposta alcuna. Avvertivo imperante il bisogno di abbandonare la fede tradizionale e come tale superficiale che sino ad allora mi era appartenuta, per abbracciarne una "più dotta". Inoltre, l'affetto che nutro nei confronti di questo speciale antenato, sconosciuto da me ma sempre vivo il suo ricordo nel cuore della mia famiglia, Giuseppe Filograssi ha suscitato in me il bisogno di entrare nei suoi pensieri più profondi per cercare in essi la ragione della sua incrollabile fede, e farla un po' mia.

La mia fede nel Divino è cresciuta grazie alla conoscenza delle discipline teologiche affrontate nel corso di studi di questa facoltà.

Tutti insieme docenti e Padre Giuseppe mi hanno dato ciò che non mi aspettavo mai di ricevere: mi hanno insegnato che con l'intelligenza e con l'aiuto della fede, si può cogliere l'essenza del mistero anche nelle piccole cose.

Prima di terminare questo mio scritto aggiungo ancora una riflessione di Padre Giuseppe Filograssi sui privilegi di Maria. E sarà la migliore conclusione del modesto mio lavoro.

«La Vergine prudentissima, che ispirata,
predisse la sua gloria con il "beatam me dicent omnes generationes»,
...a Dio e a Cristo tutte le attribuì nel profondo della sua umiltà;
"Benedicta tu in mulieribus et benedictus fructus ventris tui",
le ripetiamo noi senza stancarci. »[110]

[110] FILOGRASSI G., *La Definizione dell'Assunzione di Maria. Studio Teologico.*1949, p. 54.

APPENDICE 1

DATI BIOGRAFICI

di

Giuseppe Filograssi

12-11-1875	Nasce a Barletta (BA) da Michele e Angela Monterisi.
18-11-1875	È battezzato nella Prepositura Curata di S. Giacomo Maggiore.
1890	Dopo gli studi elementari e quelli ginnasiali nel seminario di Andria (BA) ammesso nel Seminario Romano dove si trovava ancora lo zio Nicola Monterisi, frequenta il primo anno di filosofia nella Pontificia Università gregoriana.
29-10-1891	Entra nella Compagnia di Gesù al noviziato di Villa Torlonia in Castel Gandolfo.
1893-1895	Perfeziona i suoi studi umanistici e consegue la licenza liceale.

1895-1897	Completa gli studi filosofici alla P.U.G. Conseguendo la laurea.
1898-1902	Fa esperienza pedagogica nei collegi della Provincia Romana della Compagnia di Gesù e nel Collegio Pio Latino Americano come guida negli studi filosofici.
1901	La sorella Michela Nicola entra nel Monastero delle Clarisse di Ferentino(FR), di cui la famiglia Filograssi diventa benefattrice insigne.
1903-1906	Studia teologia nel Collegio Massimo «S.Luigi» a Napoli conseguendo la laurea in dogmatica.
30-07-1905	È ordinato sacerdote nella chiesa del Gesù Nuovo di Napoli.
1906-1909	Studia Sacre Scritture, greco biblico, ebraico,aramaico nell'Università «S.Giuseppe» di Beyrut (Libano).

1910	Fa la terza probazione a Limburg (Olanda) presso la comunità della Provincia gesuita tedesca.
02-02-1911	Emette la la professione solenne nella Chiesa di Roma.
1911-1912	Insegna S. Scrittura, greco biblico e lingue orientali nel Pontificio Collegio Leoniano di Anagni (FR) e teologia nel seminario di Ferentino.
1913-1920	Insegna S. Scrittura e lingue orientali nella P.U.G.; in via del seminario, 120.
1915	Insegna esegesi biblica anche nel Pontificio Ateneo Lateranense.
02-10-1917	Vice-rettore della P.U.G.; consultore della Provincia Romana S.J.
1919-1920	Prefetto generale degli studi della P.U.G.; consultore della S. Congregazione per le Chiese Orientali; dà inizio alla rivista *Gregorianum* e ne è il primo direttore; dirige la Congregazione mariana maschile «S. Maria degli Angeli».
1920-1922	Rettore del Collegio Mondragone a Frascati (RO).

1922-1928	Preposito della Provincia Romana S.J.
1929-1958	Professore di teologia dogmatica nella P.U.G.
1929	Preside dell'Istituto superiore di cultura religiosa per l'Azienda Cattolica.
1930	Insegna anche religione nel Liceo Visconti; promotore delle Congregazioni mariane della Provincia Romana S.J.
1931	Tiene a Barletta il novenario per il per il secondo centenario del Santuario della Madonna dello Sterpeto.
30-07-1955	50° di sacerdozio: celebra il 30 luglio la S.Messa al Santuario di Pompei e il 7 agosto a Barletta al Santuario della Madonna dello Sterpeto.
1956	Consultore della S. Congregazione per la Disciplina dei Sacramenti.
29-10-1961	60 anni di vita religiosa.

12-04-1962 Rende la sua anima a Dio nella P.U.G. Durante la sua vita, pur lontano, si interessò del sempre del bene spirituale della diocesi di Barletta e vin fu reciproca stima tra lui e il Servo di Dio don Angelo Raffaele Dimiccoli.[111]

[111] MARRANZINI A., *P. Giuseppe Filograssi,* pp.17-19.

APPENDICE 2

Disputa solenne sulla definibilità della Vergine.

Il corpo accademico della Pontificia Università Gregoriana, che già nel giugno 1946 aveva inviato alla S. Sede una lettera postulatoria affinché il S. Padre si degnasse proclamare infallibilmente l'Assunzione della SS. Vergine, decise anche che si tenesse sull'argomento una disputa solenne. Ne affidò la realizzazione al Filograssi, che formulò il testo latino delle tesi di cui affidò la difesa ad un alunno del quarto anno di teologia, il salesiano Giuseppe Quadrio, di cui attualmente è in corso il processo di beatificazione. Traduco dal Latino in italiano le tesi e le riporto integralmente, perché sintetizzo in qualunque modo tutti gli articoli dell'insigne Maestro.[112]

"1. Sotto il nome dell'Assunzione della B.V.M. si intende la traslazione, di Maria al cielo col suo corpo glorioso unito all'anima beata; però, quantunque validi motivi dimostrino che la Beata Vergine Maria prima è morta ed è risorta, questa morte e resurrezione non necessariamente appartengono all'essenza del mistero dell'Assunzione.

2. Che Maria regna in cielo col corpo glorioso consta con certezza dal consenso della Chiesa, già da molti secoli costante e unanime. Infatti la festa che dal VI secolo si celebra con la massima solennità, la frequente e universale predicazione, il consenso moralmente unanime dei teologi, le petizioni per la definizione di questo ministro comprovano validissimamente, se si prendono nel loro insieme, che la Chiesa docente e discente non dubita affatto dell'Assunzione corporea della

[112] MARRANZINI A., *P. Giuseppe Filograssi un uomo di Dio*, p. 80.

Marte di Dio. A questa certezza non si oppongono né il silenzio dei primi secoli né le fantasiose descrizioni degli iscritti apocrifi, né i dubbi di alcuni teologi.

3. Orbene, questa certezza non può essere fondata se non nella rivelazione divina, come appare dalla stessa considerazione dell'essenza del mistero di cui non esiste né potè esistere alcuna prova storica. E difatti si deduce chiaramente sia dall'esposizione dei teologi, sia dalla predicazione universale e sia dal senso dei fedeli, che non si può invocare altra testimonianza al di fuori della Parola di Dio.

4. Si deve dire che la verità dell'Assunzione è formalmente rivelata, però, come sembra, in maniera non esplicita ma implicita e confusa in quello che si afferma di Maria nelle fonti della rivelazione, cioè nella Scrittura e nella Tradizione. Infatti è contenuta essenzialmente nella perfetta comprensione di quelle affermazioni, quantunque occorrono studi successivi, perché questa inclusione appaia alla nostra mente.

5. In tal modo poi l'Assunzione della B.V. Maria è rivelata nel Protovangelo (Gen. 3,17) perché nella donna che avrebbe partorito il Redentore, che avrà inimicizia perpetua col diavolo e schiaccerà attraverso la sua discendenza la testa del serpente, non si può trovare alcun peccato o conseguenza del peccato. Perciò o non dovè morire o se è morta, come noi riteniamo, non vide la corruzione, ma risorgendo trionfò della morte, che nella presente economia esiste solo come conseguenza del peccato. Allo stesso modo si intende la pienezza di grazia riconosciuta a Maria dall'Angelo, che è contraria ad ogni peccato attuale e originale, e si oppone in maniera manifesta alla pena del ritorno del corpo in polvere e alla permanenza in stato di morte. Maria poi ricevè la stessa morte non come conseguenza del peccato, ma per conformità al Figlio Redentore.

6. Poi la perfetta integrità del corpo della Madre di Dio e di Nostro Signore Gesù Cristo, che per la potenza divina è stata serbata anche nel parto, esige che quel corpo santo, nel quale e dal quale il Verbo prese la natura umana, fosse conservato in perpetua integrità e di conseguenza fosse preservato da ogni corruzione della permanenza nello stato di morte. Si comprende che ciò può realizzarsi solo con l'Assunzione corporea.

7. Inoltre il concetto di Madre di Dio quale è costituito dalla S. Scrittura e dalla Tradizione, che esprime la sovreminente dignità che Dio stesso sommamente onora, e insieme l'unione col Figlio e la conformità con lui in tutto, include nel suo pieno senso che la Santa Madre di Dio non ha subito la corruzione del sepolcro, ma è stata trasferita col corpo glorificato alla destra del Figlio, che regna nel cielo col corpo.

8. Quantunque la verità dell'Assunzione corporea della B.V. Maria sia recepita in maniera pacifica in tutta la Chiesa, tuttavia sembra esserci la massima opportunità di definirla solennemente, per rispondere al pio desiderio di molti, per rimuovere ogni dubbio sulla verità di questo mistero, per propiziarci, coll'onore tributato secondo le nostre possibilità alla Regina del cielo, il suo aiuto particolare contro i pericoli attuali, per confermare con quel nuovo atto l'autorità e il primato del Romano Pontefice, per irradiare la luce di Maria, vincitrice di tutte le eresie, su eretici e scismatici e farli ritornare all'unità della fede.

Perciò, essendo l'Assunzione corporea della B. Maria Vergine rivelata da Dio ed essendoci esime utilità che sia definita con un decreto pubblico e infallibile, è senz'altro definibile e la sua definizione è lodevolmente desiderata"[113].

Il 12 dicembre 1946, sotto la presidenza del nostro insigne Filograssi e alla presenza di 9 cardinali, di molti vescovi e prelati, di vari padri generali, del corpo accademico dell'Università Gregoriana, di molti rettori degli atenei e dei collegi romani e un numero straordinario di alunni e di laici, don Quadrio espose le tesi sopra riportate e rispose alle varie obiezioni presentare da mons. Armando Fares, professore di teologia del Pontificio Ateneo Lateranense, e

[113] *Disputatio solemnis de definibilitate Assumptionis B. Mariae Verginis,* in *Gregorianum 27* (1946) 638-841.

dal padre domenicano Reginaldo Garrigou-Lagrange, professore di teologia nel Pontificio Ateneo Angelico. Dopo il rettore magnifico Paolo Dezza S.J., a nome di tutti i presenti inviò al Santo Padre il voto che, come il suo antecessore Pio IX aveva definito l'Immacolata Concezione della Madre di Dio, così egli ne proclamasse infallibilmente l'Assunzione in cielo.[114]

[114] MARRANZINI A., *P. Giuseppe Filograssi un uomo di Dio*, p. 80-83.

BIBLIOGRAFIA

PIO IX,, Costituzione Apostolica, *Ineffabilis Deus,* in Enchiridion delle encicliche, EDB, Bologna, 1995, vol. 2.

PIO XII, Lettera enciclica, *Mystici corporis,* in Enchiridion delle encicliche, EDB, Bologna, 1995, vol. 6.

PIO XII, Costituzione Apostolica, *Munificentissimus Deus,* in Enchiridion delle encicliche, EDB, Bologna, 1995, vol. 6.

In *La Civiltà Cattolica*

FILOGRASSI G., *Maria Santissima nel Vangelo*, Roma, 1945, IV, pp. 245-248.

FILOGRASSI G, *L'Assunzione di Maria: voti del mondo cattolico*, 1946, I, pp. 95-104; II, 285-290.

FILOGRASSI G., *L'Assunzione di Maria Santissima nella tradizione cattolica,* 1946, III, pp. 243-251.

FILOGRASSI G., *Definibilità dell'Assunzione di Maria Santissima*, Roma, 1949, pp. 1-63.

FILOGRASSI G., *La definibilità dell'Assunzione di Maria. Studio teologico,* Roma, 1949, pp. 59-60.

FILOGRASSI G., *Intorno all'Assunzione di Maria. Quesiti e Risposte*, Roma, 1949, pp. 261-270.

FILOGRASSI G., Traditio divino-apostolica e assumptio B.V.M. Studio teologico, Roma, 1949, pp. 443-489.

FILOGRASSI G., *L'Assunzione di Maria Santissima dogma di fede*, 1950, IV, pp. 281-292.

In *Gregorianum*

FILOGRASSI G., *De definibilatate Assunptionis Beatae Mariae Virginis*, 29, 1948, pp. 7-41.

FILOGRASSI G., *Theologia Catholica et Assomptione B.M.V.,* 31, 1950, pp.323-360, 1945, IV, pp. 245-248.

FILOGRASSI G., *Lo sviluppo del dogma nel congresso mariologico del 1954,* 41, 1960, pp. 80-106.

FALLER O., *De priorum saeculorum silentio circa Assumptionem B.M.V.,* Roma, Pontificia Università Gregoriana, 1946.

HENTRICH G. -DE MOOS R.G., Petitiones de Assumptione corporea B. V. Mariae in coelum definienda ad Sanctam Sede delatae, propositae secundum hierarchicum, dogmaticum, geographicum, chronologicum ad consensum Ecclesiae manifestandum, Typis Poliglottis Vaticanis, 1942, I,II, pp. 1061-1110.

LANDUCCI C., Maria SS. nel Vangelo.Società Apostolato Stampa, Roma, 1945, pp. 520.

MARRANZINI A., *P. Giuseppe Filograssi un uomo di Dio e maestro insigne,* Roma, ADP, 2005.

MATIUSSI G., *L'assunzione corporea della Vergine Maria Madre di Dio nel dogma cattolico,* Milano, 1924.

INDICE

Printed by Books on Demand GmbH, Norderstedt / Germany